Desde los Cimientos

Un Viaje de Fe y Liderazgo Visto a Través
de la Vida de José

Por Ronell Rivera

Desde los Cimientos: Un Viaje de Fe y Liderazgo Visto a Través de la Vida de José

© 2025 Ronell Rivera

Publicado por Grace Acres Press, Fort Walton Beach, FL

Por Ronell Rivera

ISBN – 978-1-60265-104-3

All Scripture quotations, except those noted otherwise are from the New American Standard Bible, ©1960, 1962, 1963, 1968, 1971, 1972, 1973, 1975, 1977, and 1995 by the Lockman Foundation.

En este poderoso libro, Ronell desafía a los líderes a liderar de una manera digna de una recompensa mayor. He tenido el privilegio de trabajar junto a él durante muchos años, particularmente durante nuestro tiempo juntos en instalaciones de internet inalámbrico. Fue allí donde vi de primera mano su integridad inquebrantable y su genuina preocupación por las personas, tratando a todos—sin importar su posición—con el mismo respeto y dignidad. Más tarde, tuve el honor de visitar a Ronell cuando lideraba S.E.D. Allí, fui testigo del profundo respeto y admiración que sus empleados le profesaban. Su liderazgo era un ejemplo viviente de los mismos principios que se destacan en este libro. Ronell no solo habla sobre valores como la integridad y el respeto, sino que los vive cada día, creando un impacto duradero tanto en esta vida como en la próxima. Los principios compartidos en este libro no son teorías abstractas, son principios que Ronell ha puesto en práctica con un profundo efecto, haciéndolos tanto prácticos como transformadores. Recomiendo encarecidamente tomar notas, profundizar en cada referencia bíblica y aplicar los principios de cada capítulo a sus propios negocios. Hacerlo no solo enriquecerá su vida profesional, sino que también cerrará la brecha entre su caminar cristiano y su camino como líder.

Dr. Cody A. Wallace
Pastor Principal de Southwest Community Church, Miami, Florida
Autor de *The Extra Mile: Living Christ's Legacy* and
Break the Mold: Step into Your Full Potential in Christ

Un libro poderoso y fácil de leer que proporciona un camino hacia el éxito en los negocios y en la vida, sin comprometer la integridad, la fe ni el propósito. *Desde los Cimientos* de Ronell Rivera, con ejemplos prácticos, es una lectura imprescindible para cualquiera que desee construir carreras y negocios exitosos mientras valora sus creencias, integridad y principios.

Jerry Jimenez
Presidente de Enviro-Master Services

He tenido el privilegio de presenciar cómo Ronell Rivera vive los principios que comparte tan reflexivamente en este libro, *Desde los Cimientos: Un Viaje de Fe y Liderazgo Visto a Través de la Vida de José.* La trayectoria de Ronell es una de humildad y perseverancia basada en principios, donde la fe no es solo un capítulo, sino su fundamento. La vida de Ronell irradia una humildad genuina que solo puede provenir de un líder que sirve con el corazón de un siervo, cimentando cada decisión en principios de integridad y responsabilidad. En un mundo donde el éxito empresarial a menudo eclipsa el carácter, Ronell nos recuerda, a través de su vida y este poderoso libro, que el verdadero liderazgo se construye sobre valores inquebrantables. Para quienes buscan inspiración para liderar con propósito y fe, esta memoria ofrece un mapa de ruta de un hombre que no solo ha construido negocios, sino que, más importante aún, ha construido un legado que honra a Dios.

Nate Calvert
VP de Marketing y Desarrollo de Negocios en KCooper Brands

Dedicación

A mi amada esposa, mi mayor apoyo y aliento, mi compañera constante de oración y mi mejor amiga. Juntos hemos llorado, orado y celebrado cada paso de este camino. Eres un regalo de Dios en mí vida, quien saca lo mejor de mí. Le alabo por ti todos los días, y estoy eternamente agradecido por tu amor, tu fortaleza y tu compañerismo. Gracias por ser mi esposa, mi compañera y mi amiga incondicional. Lo repetiría todo de nuevo contigo. ¡I love you babe!

Prólogo

El libro que tienes en tus manos es verdaderamente especial. La historia personal y las lecciones de vida que leerás en *Desde los Cimientos* son poderosas porque son simples e infinitamente universales, resistiendo la prueba del tiempo después de muchos siglos de práctica, permaneciendo efectivas hoy en día y seguirán siendo aplicables dentro de muchos años. Estos principios son efectivos si te dedicas a aprenderlos y aplicarlos, de manera diaria y diligente.

Este libro es auténtico. El autor, Ronell Rivera, a quien tengo la bendición de llamar mi amigo, mentor y socio de negocios, no solo predica, sino que practica. Lo que ves en Ronell es lo que obtienes. Y las historias en este libro son la forma más pura de autenticidad que encontrarás en cualquier autor.

Te darás cuenta de que el mensaje empresarial de Ronell proviene de lo que he llegado a considerar como el mejor libro de negocios jamás escrito: la Biblia. Anteriormente, había visto la Biblia como un libro de historias antiguas y reglas (escritas en un lenguaje antiguo) que no eran completamente aplicables en el mundo de hoy. Pero a medida que conocí a Ronell—primero como líder empresarial y luego como amigo—me di cuenta de que su enfoque de los negocios proviene de un conjunto diferente de principios que los aplicados por los líderes actuales. Cuanto más trabajaba con Ronell y lo observaba en acción, comencé a darme cuenta de lo fundamentalmente exitoso que es su enfoque—en tiempos buenos, pero especialmente bajo condiciones difíciles.

Al observar a Ronell, comencé a tomar notas mentales de su enfoque. Me llevé cinco pilares que definen el enfoque de Ronell, los cuales ha tejido de manera intencional en su práctica de liderazgo, basados en su profunda devoción a su fe:

1. **Fundamento ético** – demostrar integridad, honestidad y una conducta ética.
2. **Liderazgo de servicio** – encontrar valiosas lecciones sobre liderazgo de servicio y humildad a través de los relatos bíblicos de José, Moisés, David y Salomón.
3. **Gestión de relaciones** – relacionarse con empleados, socios o clientes de una manera que fomente y mantenga relaciones sanas, respetuosas y productivas a largo plazo.
4. **Perseverancia y resiliencia** – enfrentar desafíos significativos y perseverar con fe y determinación.

Y cuando te comprometes a seguir estos cuatro pilares, llegas a la quinta razón por la cual un enfoque empresarial inspirado en la fe es el plano para el verdadero éxito: estos pilares son atemporales en su sabiduría. Años a partir de ahora, un enfoque empresarial cimentado en la integridad, el liderazgo desinteresado, las relaciones respetuosas y la determinación fiel ofrecerá el único tipo de éxito que realmente importa: uno con propósito, paz y verdadera plenitud. El mensaje de Ronell es una maravillosa manifestación de ello.

El libro que estás a punto de leer demuestra que, aunque no existen atajos hacia el éxito, sí hay un camino claro para alcanzarlo si estás dispuesto a comprometerte con estos principios atemporales. Como se expresa claramente en Proverbios 21:5: "Los proyectos del diligente ciertamente son ventaja, mas todo el que se apresura, ciertamente llega a la pobreza."

Hesham "Sham" Gad

Contenido

Fundamentos del Liderazgo

Crecí en un pequeño pueblo de Puerto Rico, en el seno de una familia unida y de clase media. Mi madre era maestra, y mi padre, un asistente contable que había servido en la Segunda Guerra Mundial. Aunque mi padre no era empresario, fue un ejemplo extraordinario de valores e integridad. Su bondad, su carácter confiable y el respeto que naturalmente inspiraba dejaron una huella imborrable en mí. Las personas se sentían cómodas a su alrededor; confiaban en él de manera implícita, y era evidente que era un hombre de principios sólidos. Esas cualidades se grabaron en mí, ayudando a moldear mi personalidad y los valores que llevaría conmigo a lo largo de la vida.

Junto a mi padre, dos de mis tíos desempeñaron un papel significativo en despertar mi interés por los negocios. Eran emprendedores astutos, y admiraba la habilidad con la que enfrentaban oportunidades y desafíos. Su capacidad para identificar el potencial, planificar estrategias y aprovechar las oportunidades de inversión me dieron una visión temprana del mundo de los negocios e inspiraron mi propio deseo de incursionar en él. Aprendí que, aunque los valores y la integridad son la base de un carácter sólido, el impulso y la creatividad que derivan de ellos suelen ser el motor del éxito en los negocios.

Sin embargo, una de las mayores influencias en mi vida fue un hombre al que nunca conocí: mi abuelo. Era un agricultor encargado de proveer para mi abuela y a sus nueve hijos. Aunque es recordado por su arduo trabajo, lo que dejó el impacto más profundo en mí fue su integridad. En nuestro pueblo, las personas no necesitaban contratos ni garantías legales cuando trataban con mi abuelo; su palabra era tan confiable como cualquier acuerdo formal. Compraba semillas y suministros a crédito, cosechaba sus cultivos y luego regresaba para pagar sus deudas por completo cada temporada. Una historia sobre él tuvo el mayor impacto en mi vida: una anécdota que define la integridad para mí y que me sirve como recordatorio diario de lo que significa honrar tu palabra.

Un hombre del pueblo una vez le ofreció a mi abuelo comprar su caballo favorito. Mi abuelo, sin querer ofender al hombre, pero tampoco deseando vender el caballo, estableció un precio irrazonable, pensando que eso terminaría la conversación. Para su sorpresa, el hombre regresó con el monto completo en mano. Fiel a su palabra, mi abuelo vendió el caballo. Esta lección—honra siempre tu palabra—se convirtió en la base de mi vida y, eventualmente, de mi carrera.

Crecí rodeado de historias. A medida que mi abuelo envejeció, dividió su tierra entre sus hijos, creando una comunidad que era más que solo familia: era un legado compartido. Mis padres, tíos y tías construyeron sus hogares a lo largo de nuestra calle privada, con el balcón de mi abuela como el corazón de nuestra conexión. Noche tras noche, nos reuníamos en el balcón de la abuela, donde los adultos de la familia compartían historias mientras los niños jugaban cerca, atentos a cada relato. Nuestra familia no era perfecta, pero sí inquebrantable, siempre dispuesta a apoyarse mutuamente. Estas veladas eran más que simples reuniones; inculcaron en mí un entendimiento profundo de lealtad, resiliencia y pertenencia que he llevado conmigo a cada capítulo de mi vida.

En un mundo donde la palabra a menudo se toma a la ligera y los valores pueden sacrificarse por una ganancia rápida, la historia de mi abuelo me recuerda que el verdadero éxito radica en principios que resisten la prueba del tiempo. La integridad, el trabajo arduo y el respeto hacia los demás se convirtieron en los pilares de mi camino, moldeando no solo quién soy, sino también cómo creo que debe liderarse un negocio. Estos valores son el corazón de este libro y el legado que espero compartir.

Después del fallecimiento de mi padre, cuando solo tenía veinte años, me encontré luchando con sentimientos de pérdida y tratando de encontrar mi dirección. Esto marcó el inicio de un período de rebeldía en mi vida. Estaba decidido a vivir bajo mis propios términos, ignorando con frecuencia los valores que me habían inculcado. Durante ese tiempo, Sergio —un amigo de la familia que había observado mi camino— me tendió una mano de mentoría. Sergio vio el potencial en mí, incluso cuando yo luchaba con la inseguridad y la inexperiencia. Me ofreció la oportunidad de trabajar con él, brindándome la guía y la estructura que necesitaba para comenzar a enderezar mi vida. Fue la mano amiga que necesitaba para empezar a ensamblar todas las piezas del rompecabezas de mi vida.

Reflexionando sobre este camino, mi historia no trata solo de logros profesionales o de superar obstáculos; se trata de construir una vida y un legado cimentados en la fe, los valores y el propósito. La vida de José en la Biblia ejemplifica resiliencia, perdón y perseverancia frente a desafíos inmensos. Aunque nuestras propias jornadas son únicas, podemos encontrar una profunda inspiración en su historia sin sugerir una comparación directa. La vida de José ilustra cómo las pruebas pueden moldearnos y cómo valores como la fe, la integridad y la resiliencia pueden sostenernos en los altibajos. Su trayectoria es un recordatorio poderoso de que cada uno de nosotros puede construir algo significativo y duradero, guiado por la fe y un compromiso con los valores.

Confío y pido a Dios que, al compartir estas lecciones y experiencias, otros se sientan inspirados a liderar con integridad y a seguir un camino de verdadera trascendencia. Esa trascendencia duradera se encuentra, en última instancia, en la fe en Jesucristo. Jesús es Dios y, al mismo tiempo, hombre que vivió una vida sin pecado y murió para pagar la pena por mis pecados y los tuyos. Resucitó de entre los muertos, y todos los que creen en Él pasarán la eternidad junto a Él. Como seguidores de Jesús, debemos amar y servir a Dios y a los demás, lo cual es el corazón de este libro y el legado que deseo compartir.

EL PROPÓSITO DE ESTE LIBRO

En un mundo donde el éxito a menudo se mide por títulos, riquezas y reconocimientos, he llegado a la conclusión de que el verdadero significado radica en un tipo diferente de logro. Este libro trata de liderar una vida fundamentada en valores: integridad, fe y un compromiso con servir a los demás. Mi propósito al escribirlo es compartir el camino de construir una carrera y una vida que honren a Dios e impacten a las personas, ofreciendo un modelo para quienes desean liderar con propósito en lugar de solo con poder.

A lo largo de mi carrera, he sido testigo de cómo los modelos de negocios tradicionales a menudo priorizan las ganancias a corto plazo, sacrificando en ocasiones los valores en el proceso. Pero creo que existe un mejor camino: una ruta hacia el éxito que no compromete la integridad, sino que la atesora. Este libro ofrece una perspectiva sobre los negocios y el liderazgo centrada en la fe, donde la rentabilidad y los principios pueden coexistir e incluso fortalecerse mutuamente.

Encuentro motivación e inspiración en la historia de José, cuya trayectoria desde la adversidad hasta el liderazgo estuvo marcada por la resiliencia, la fe y la integridad. La vida de José revela que el éxito basado en valores crea un legado, una verdad que he experimentado en carne propia. Su historia nos enseña que el verdadero éxito no solo proviene de alcanzar metas, sino de liderar de una manera que refleje nuestras creencias más profundas.

Por medio de este libro, espero lograr varios objetivos:

1. **Fomentar un Liderazgo Basado en Valores:** Inspirar a los lectores a construir carreras y negocios cimentados en la integridad, la honestidad y la responsabilidad. Quiero demostrar que, al honrar a Dios en nuestro trabajo, podemos crear una base para el éxito que resista las presiones del mundo empresarial.

2. **Compartir Lecciones Prácticas de Mi Trayectoria:** Cada capítulo ofrece reflexiones extraídas de mis propias experiencias —la mentoría, superar obstáculos y liderar en diferentes culturas— para brindar a los lectores una guía práctica sobre cómo aplicar estos principios en cualquier carrera o camino de vida.

3. **Demostrar el Poder de la Fe en el Liderazgo:** La historia de José nos recuerda que Dios está presente en cada aspecto de nuestras vidas, incluso en los desafíos. Al liderar con fe, no solo encontramos fortaleza en las pruebas, sino que también adquirimos un propósito más claro, entendiendo que cada experiencia puede formar parte de un plan mayor.

4. **Cuestionar las Perspectivas Convencionales del Éxito:** Si bien el crecimiento financiero es importante para la sostenibilidad, debería ser el resultado de una vida vivida con propósito, no la única medida del logro. Espero que este libro ofrezca una visión redefinida del éxito, una que valore a las personas, los principios y el impacto por encima de las ganancias económicas.

5. **Ofrecer Esperanza y Aliento:** Para aquellos que se sienten no calificados o que han enfrentado desafíos y dudas

en su camino, espero que mi historia sirva como prueba de que Dios puede usar cualquier experiencia y a cualquier persona para cumplir Su propósito. Con fe, trabajo arduo e integridad, el éxito y la trascendencia están al alcance de todos nosotros.

Al leer este libro, mi oración es que te inspires a buscar no solo una carrera que alcance tu máximo potencial, sino también una vida que aporte un valor duradero a los demás. Que este libro te anime a liderar con propósito, construir con integridad y crear un legado que honre a Dios en todo lo que hagas.

CAPÍTULO 1

Construyendo una Base con Integridad y Responsabilidad

La muerte de mi padre fue un impacto muy difícil de expresar con palabras, transformando mi perspectiva y sembrando las semillas de un viaje que aún no entendía por completo. Solo tenía veinte años y estaba lidiando con el peso de perderlo justo cuando comenzaba a entender lo que quería de la vida. Él y mi madre habían viajado a Guaynabo, un pueblo cerca de San Juan, para ayudar a mi hermana mientras se preparaba para el nacimiento de su segunda hija. Es común en las familias puertorriqueñas reunirse y apoyarse mutuamente en momentos como este, y mis padres estaban allí para cuidar a mi sobrina mayor y ayudar en todo lo que fuera necesario. Mi padre no se había sentido bien por algún tiempo, así que decidió programar un chequeo en el hospital de veteranos cercano, esperando respuestas de rutina. En cambio, nos devastó la inesperada noticia de que tenía un cáncer avanzado.

Fue ingresado en el hospital, y fue desgarrador ver lo rápido que se deterioró. Mi madre, mis hermanas y yo nos turnábamos para estar a su lado, viendo cómo el hombre de la sonrisa cálida y el espíritu positivo se desvanecía lentamente. Fue una realidad difícil de aceptar, pero nos mantuvimos unidos durante esos días dolorosos. La última noche que pasé con él en el hospital es un recuerdo profundamente grabado en mi corazón. Esa noche, finalmente encontré las palabras para escribirle, expresándole cómo su legado, su corazón tierno y su ejemplo vivirían en mí. Mientras leía la nota en voz alta, abrió los ojos, me miró por última vez y tomó su último aliento. Era como si hubiera estado esperando escuchar mis palabras. Sentí una responsabilidad profunda, una que me arraigaba y me desafiaba, pero que también abrió la puerta a un período de lucha interna, en el cual cuestionaría todo lo que creía saber. En tan solo veintiocho días, se fue, y nunca llegó a conocer a su nueva nieta.

Al regresar a mi pueblo con mi madre, pasé un año trabajando en la construcción junto a mi primo, con la esperanza de recuperar fuerzas y encontrar sentido a lo que había sucedido. Los días eran largos y duros, una distracción bienvenida por el dolor en mi corazón. Estaba herido y rebelde, enfrentándome a un mundo que ya no se sentía familiar. Perder a mi padre me dejó a la deriva, y en los años que siguieron, dirigí mi frustración hacia Dios. A pesar de haber sido criado en un hogar cristiano, me rebelé, sumergiéndome de lleno en la vida nocturna, desafiando a Dios de formas que pensaba eran audaces. Llegaba a casa a las tres o cuatro de la mañana, ya sin orar, sino retándolo: "Si no te gusta lo que estoy haciendo, muéstramelo. Estoy disfrutando y no pienso detenerme".

Entonces Sergio apareció en mi vida. Era un amigo de la familia, una presencia constante conocida por su carácter y su éxito como gerente. Pero, más allá de eso, vio algo en mí que yo estaba luchando por encontrar en mí mismo. No se acercó a mí con lástima o promesas; simplemente me ofreció una oportunidad, una que sabía que estaba muy por encima de mis habilidades en ese momento, pero sentí la necesidad de intentarlo.

El trabajo era en una joyería, muy diferente a las obras de construcción a las que me había acostumbrado. Pero la fe de Sergio en mi potencial venía con condiciones. La tienda era parte de una cadena estadounidense, y se requería hablar inglés. Mis habilidades en el idioma eran limitadas, pero Sergio no lo veía como un obstáculo. En su lugar, pasó horas ayudándome a practicar para la entrevista, guiándome a través de posibles preguntas y, más importante aún, construyendo mi confianza en que podía lograrlo. Esta preparación no era solo para conseguir un empleo; fue mi primer contacto con la mentoría en su forma más pura. Con el apoyo de Sergio, sobresalí en la entrevista, y él me contrató, dándome mi primer punto de apoyo en un mundo que daría forma a mi carrera.

Esta experiencia me recuerda el comienzo del viaje de José en la Biblia. En Génesis 37:12–28, José enfrentó la traición de aquellos más cercanos a él y fue vendido como esclavo, un evento que cambió su vida y que pondría a prueba la resiliencia y la fe de cualquier hombre. Como José, me encontré empujado a un camino que no elegí. El dolor, la incertidumbre y los desafíos que siguieron a la muerte de mi padre se convirtieron en momentos determinantes, moldeando mis valores y poniendo a prueba mi determinación. Incluso en situaciones difíciles e inesperadas, podemos encontrar la fortaleza para mantener nuestros principios y ser fieles a un propósito mayor, incluso cuando ese propósito aún no está claro.

Este fue el cimiento que Sergio me ayudó a construir en mi vida: un compromiso con la integridad, sin importar las circunstancias. Como José, aprendí que, incluso en situaciones difíciles, podemos elegir mantener nuestros valores, sabiendo que son la base de un liderazgo significativo.

Mi tiempo trabajando bajo la dirección de Sergio fue transformador. Lo observé guiar a otros con un compromiso inquebrantable hacia su crecimiento y éxito, enfocándose en los valores más que en los resultados. Me enseñó que el liderazgo comienza con la integridad, que la forma en que alcanzas tus metas es tan importante como las metas mismas. Esta fue mi primera lección en liderazgo basado en valores, y llegó en un momento en el que todavía buscaba dirección y reconstruía mi vida desde adentro hacia afuera.

Después de varios meses, vi cómo uno de mis amigos prosperaba bajo la guía de Sergio, ascendiendo para gerenciar otra tienda. El enfoque de Sergio no era retener a las personas, sino equiparlas para el éxito, un principio que resonó profundamente en mí. Pronto, yo también fui ascendido a gerente de una tienda. Fue un tipo de responsabilidad completamente nuevo, uno que reforzó todo lo que Sergio me había enseñado.

En este rol, siendo un gerente joven en un campo que requería confianza en cada paso, aprendí el verdadero peso de la responsabilidad. La joyería no es solo un producto; es profundamente personal, una expresión de sentimiento y valor. Los clientes confiaban en nosotros, y a cambio les debíamos honestidad e integridad en cada interacción.

Cada día traía nuevos desafíos, momentos donde tomar atajos podría haber asegurado una venta o distorsionar la verdad podría haber suavizado una situación difícil. Pero rápidamente aprendí que la integridad no es solo un rasgo; es una práctica diaria. En la industria de la joyería, donde la confianza es tan valiosa como los diamantes que vendíamos, la credibilidad lo era todo. Sabía que, si quería tener éxito y construir un nombre y una carrera de los que pudiera estar orgulloso, la integridad no podía ser un compromiso a tiempo parcial. La vida de José y la integridad que demostró afirman esta lección. Descubrí que la verdadera integridad se practica en las decisiones diarias que tomamos y que esas pequeñas elecciones para hacer lo correcto se convierten en la base de nuestra reputación y nuestra influencia.

La mentoría de Sergio arraigó este valor en mí en un momento en el que todavía estaba formando mi identidad como líder. Su guía sentó las bases para un enfoque de liderazgo basado en la responsabilidad, no solo hacia mi trabajo, sino también hacia mí mismo y, eventualmente, hacia Dios. Me enseñó que el verdadero liderazgo no se trata de autoridad; se trata de valores que resisten la prueba del tiempo y los desafíos de la vida. No solo quería tener éxito; quería construir un legado que honrara la memoria de mi padre y cumpliera con el potencial que Sergio vio en mí.

Al mirar hacia atrás, me doy cuenta de que la muerte de mi padre fue el comienzo de mi viaje, no solo en el mundo de los negocios, sino también en el mundo del liderazgo impulsado por la integridad. Sus últimos momentos, la responsabilidad que dejó en mí y la mentoría de alguien como Sergio se combinaron para formar un cimiento sobre el cual podría sostenerme, incluso en los tiempos más complejos y cambiantes. Esta experiencia se convertiría en la base de mi carrera y en la guía del legado que esperaba construir.

CAPÍTULO 2

La Mentoría como Piedra Angular del Éxito

Asumir mi primer rol gerencial no solo fue emocionante, sino que también fue una lección de humildad. Después de haber experimentado la poderosa mentoría de Sergio, sabía que el liderazgo significaba mucho más que asignar tareas y establecer objetivos; requería un compromiso genuino con el crecimiento de cada persona. Ya no estaba bajo la guía directa de Sergio; ahora yo era quien se esperaba que guiara a otros. Este cambio no estuvo exento de desafíos. Mi equipo tenía un fuerte vínculo con el gerente anterior, y como el nuevo "chico" gerente, mucho más joven que todos ellos, enfrenté una ardua batalla para ganar su aceptación.

En esos primeros días, aprendí rápidamente que mi título por sí solo no era suficiente para ganarme el respeto o la confianza. No estaba simplemente heredando una tienda; estaba entrando en una dinámica de equipo que había sido cuidadosamente construida con el tiempo. El equipo me observaba con aprensión, y podía sentir el escepticismo en el ambiente. Pero sabía que ganarme su confianza requeriría paciencia y humildad. En lugar de imponer autoridad de inmediato, me enfoqué en comprender sus perspectivas y escuchar sus experiencias, con la esperanza de que vieran que estaba tan comprometido con nuestro éxito colectivo como ellos.

Me comprometí a conocer las fortalezas, motivaciones y aspiraciones de cada miembro del equipo. Me aseguré de pasar tiempo en el piso de ventas, trabajando junto a ellos, lo que me permitió ver las cosas desde su perspectiva. Esto no fue solo una decisión estratégica; fue mi manera de honrar el enfoque de mentoría que había aprendido de Sergio. Él siempre había enfatizado la empatía y el entendimiento, y yo aspiraba a encarnar ese mismo apoyo mientras desarrollaba mi propio estilo de liderazgo.

La historia de José en Egipto proporciona una perspectiva única sobre la mentoría y la confianza. En Génesis 39:1–6, cuando José llega a la casa de Potifar como esclavo, Potifar reconoce que el Señor estaba con él y que "el Señor hacía prosperar todo lo que [José] hacía", por lo que le confió la administración de su hogar. Sin duda, esta relación permitió a José desarrollar sus habilidades, asumir responsabilidades y fortalecer su capacidad de liderazgo en un entorno seguro donde se le otorgó confianza.

Más tarde, incluso en prisión, el Señor le brindó a José el favor del carcelero, quien le confió la responsabilidad de "todos los prisioneros que estaban en la cárcel" (Génesis 39:22–23). El ascenso de José al liderazgo fue una bondad del Señor y, posiblemente, involucró la mentoría del jefe de la prisión. La mentoría puede venir de aquellos que ven nuestro potencial y nos brindan oportunidades para desarrollarnos y demostrar nuestras capacidades.

Tuve la bendición de tener un mentor en Sergio, quien reconoció mi potencial y me equipó para liderar con integridad y empatía. Su mentoría fue más que una simple guía; fue una inversión en mi crecimiento, una que moldeó la manera en que abordaría el liderazgo en el futuro.

Ganar el respeto de mi equipo no fue algo instantáneo. Al principio, podía notar que cuestionaban mis capacidades. No conocían mi trayectoria, mis tropiezos ni lo que me había llevado a asumir este rol. Me di cuenta de que el respeto debía cultivarse a través de acciones, no de suposiciones. Así que me mantuve constante, estableciendo estándares para mí y para el equipo que fueran firmes pero justos. Si esperaba dedicación e integridad, sabía que debía modelarlas de manera visible. Poco a poco, comenzaron a ver que no estaba allí simplemente para ocupar un puesto, sino que estaba comprometido a ayudarnos a tener éxito como unidad.

A medida que los roles de José evolucionaban, él demostraba integridad y un carácter dependiente del Señor. En mi propia experiencia, aprendí que el respeto debe ganarse día a día, y que el liderazgo auténtico se fundamenta en la humildad, la paciencia y la disposición para apoyar a los demás. Construir ese respeto mutuo tomó tiempo, pero finalmente, la confianza comenzó a crecer. Empecé a ver a los miembros del equipo acercarse a mí con ideas, asumiendo la responsabilidad de sus roles y enfrentándose a los desafíos cuando surgían. No solo estábamos trabajando juntos; estábamos colaborando. El darse cuenta de que el respeto no se otorga automáticamente con un título fue una lección profunda; el respeto se gana mediante un esfuerzo constante, humildad y la capacidad de encontrarse con las personas donde están. Para el final de nuestro primer año, la tienda se clasificaba consistentemente entre las mejores, un testimonio del poder de la cohesión y la confianza mutua.

Con el tiempo, refiné mi comprensión de la importancia de la mentoría en el liderazgo. Aprendí que los líderes efectivos no solo dan órdenes; cultivan el crecimiento e inspiran el potencial. La verdadera mentoría va más allá de dar dirección; implica empoderar a otros para que descubran y alcancen sus propias metas. Llegué a comprender que las personas responden no a un jefe, sino a un mentor que cree en ellas, que está invertido en su camino tanto como en su productividad.

Reflexionando sobre esos días formativos, entendí que la esencia del liderazgo no radica solo en alcanzar objetivos, sino en ayudar a otros a alcanzar los suyos. Aunque mi rol requería que me enfocara en el desempeño de la tienda, era evidente que invertir en el potencial de mi equipo y apoyar sus ambiciones sacaba lo mejor de todos. Este cambio de perspectiva se convirtió en un pilar de mi filosofía de liderazgo, una que llevaría conmigo en cada paso de mi carrera.

Más adelante en su vida, el liderazgo de José se extendió a la administración de los recursos de Egipto, asegurando la disponibilidad de alimentos durante un tiempo de hambruna (Génesis 41:15–49). Dios le dio a José la interpretación del sueño del faraón, y José propuso una solución para la hambruna venidera, ganándose la confianza del faraón, quien lo puso a cargo de todo el pueblo y de toda la tierra de Egipto. José, con propósito, cosechó y almacenó grano durante los siete años de abundancia.

La verdadera mentoría implica equipar a otros para que enfrenten desafíos con confianza, de manera similar a mi experiencia al guiar a mi equipo para alcanzar su máximo potencial. A través de estas experiencias, llegué a ver la mentoría como un aspecto clave del liderazgo basado en valores. No se trata de imponer autoridad o esperar respeto inmediato; se trata de construir confianza mutua, apoyar el crecimiento de los demás y empoderar a las personas para que prosperen. El liderazgo real consiste en crear oportunidades para que otros tengan éxito y en comprender que cada persona tiene un potencial que espera ser cultivado.

CAPÍTULO 3

Avanzando con Fe y Comenzando con Poco

Después de trabajar como gerente en Puerto Rico durante un par de años, llegué a una encrucijada. Mi experiencia había sido invaluable, y había aprendido más sobre liderazgo de lo que jamás hubiera imaginado. Sin embargo, una inquietud se apoderó de mí. Sentía el llamado de un nuevo capítulo, y ese capítulo era Miami. La ciudad ofrecía la promesa de avanzar en mi carrera y el entusiasmo de empezar de nuevo, pero también representaba algo más amenazante: un lugar donde podía continuar por un camino rebelde que aún no había abandonado. El atractivo de Miami era innegable, y a pesar de la vida que estaba construyendo en Puerto Rico, me sentía impulsado a irme.

Darle la noticia a mi madre fue difícil. Desde la muerte de mi padre, me había convertido en una parte central de su vida, y la idea de que me mudara lejos de casa pesaba mucho en su corazón. Hizo todo lo posible para disuadirme, con la esperanza de mantenerme cerca. Oró fervientemente, pidiéndole a Dios que cerrara puertas para que no pudiera irme. Durante una reunión de oración un miércoles por la noche, derramó su corazón pidiéndole a Dios que me mantuviera a salvo y cerca. Pero entonces sucedió algo que ninguno de los dos podía haber anticipado.

Una mujer de su grupo de oración se acercó a ella y, con una convicción gentil, le dijo: "Estás orando por lo incorrecto. Tu hijo le pertenece a Dios, y si Dios permite que se vaya a Miami, es porque Él tiene un plan para él allí". Ese mensaje tocó una fibra sensible, suavizando su corazón. A regañadientes, me dejó ir, confiando en que

Dios velaría por mí. Con sus oraciones respaldándome, dejé Puerto Rico con poco más de cien dólares en el bolsillo y una transferencia a una tienda de Miami dentro de la cadena de joyerías para la que trabajaba. No era mucho, pero era suficiente para comenzar.

El viaje de José también comenzó con muy poco, cuando fue llevado a Egipto. Llegó a la casa de Potifar sin estatus, sin recursos y sin familia. En Génesis 39:1–6, vemos que, aunque José comenzó como esclavo, fue bendecido por Dios. Al igual que José, quien llegó a Egipto con las manos vacías, yo llegué a Miami con poco más que mi determinación. Incluso cuando tenemos muy poco, la fe puede ser el fundamento sobre el cual construimos algo grande.

Los primeros días en Miami fueron un torbellino. Llegué lleno de ambición, pero sin la fuerza estabilizadora de mi familia, pronto volví a mis viejas costumbres, sumergiéndome de lleno en la vida acelerada y temeraria que tanto me había tentado. Al principio, se sentía liberador, una oportunidad para explorar la vida bajo mis propios términos. Pero entonces ocurrió algo inesperado: una joven llamó mi atención. Trabajaba en una tienda de ropa al otro lado del pasillo de la joyería, y desde el momento en que la vi, sentí que algo cambiaba. Era hermosa, elegante y tenía una presencia que me atraía. Era como si Dios me susurrara: "Ella es con quien te casarás".

Una compañera de trabajo mayor le había dicho: "Hay un chico nuevo en la joyería. Deberías ir a conocerlo". Ella no estaba convencida, pero una amiga también la animó. Más tarde, cuando las dos amigas entraron en mi tienda, las saludé de inmediato, mostrándoles joyas y charlando hasta que, finalmente, su amiga se fue. Ahora estábamos solo los dos, y durante nuestra conversación descubrí que incluso había sido cliente de nuestra cadena de joyerías en Puerto Rico. Revisé los registros, encontré su archivo y terminé vendiéndole un juego de pendientes y un colgante de perlas. Personalmente llevé su compra a su tienda, lo que llevó a nuestra primera cita: una cena a altas horas de la noche en el único lugar abierto, Denny's.

Iniciar nuestra relación no fue fácil. Su madre pensaba que yo era mayor de lo que decía y dudaba de mis intenciones, sospechando que ya estaba casado en Puerto Rico. No estaba dispuesta a permitir que cualquiera entrara en la vida de su hija. Una noche, llevé algunas fotos de mis días participando en carreras todoterreno 4x4 (conocidas como *enduros*) en Puerto Rico. Mientras su familia revisaba las fotos, reconocieron a mi piloto[1] de rallies, un vecino de su pueblo en Puerto Rico, alguien que conocían bien. Mi futura suegra llamó para confirmar mi historia, y desde ese momento, sus sospechas se disiparon. Dios nos había unido de maneras que aún me asombran. Tres meses después, nos casamos, y de repente, mi mundo ya no se trataba solo de mí.

Esos primeros días fueron desafiantes. Como recién casados, compartíamos un pequeño apartamento de dos habitaciones y un baño con la familia de mi esposa: seis adultos bajo un mismo techo. La privacidad era un lujo que no teníamos, y la constante cercanía creaba tensiones que solo se sumaban a los retos que enfrentábamos mientras aprendíamos a navegar la vida matrimonial. A pesar del amor que nos teníamos, los desafíos parecían abrumadores, y comencé a sentir el peso de mis decisiones y el impacto que tenían en las personas que más me importaban.

Con el tiempo, logramos mudarnos a un espacio más grande, con la esperanza de que el espacio adicional aliviara algo de la presión. Pero las dificultades continuaron. Problemas financieros, personalidades en conflicto y mis propias luchas internas dejaron claro que

---

[1] El equipo consistía en un piloto y un copiloto. El piloto era responsable de conducir y seguir las instrucciones del copiloto. Yo era el copiloto, encargado de las instrucciones de ruta, el control de velocidad y el manejo de los tiempos.

algo tenía que cambiar. La vida que estaba llevando no era sostenible, y comencé a ver las grietas en el cimiento que había construido. Fue durante uno de nuestros momentos más bajos que decidimos dar un paso de fe y asistir juntos a la iglesia.

En Génesis 39:20–23, después de ser encarcelado por falsas acusaciones, el Señor estuvo con José y fue bondadoso con él, y pronto el carcelero lo puso a cargo de otros prisioneros. Descubrimos que nuestras luchas en esos primeros años de matrimonio nos estaban preparando para una fe más profunda y un cimiento más sólido.

Nuestra decisión de asistir a la iglesia fue un cambio de trayectoria. Cuando me mudé a Miami, llevé conmigo la actitud desafiante y frustrada hacia Dios. Finalmente entendí que Dios había estado respondiendo a mi desafío todo el tiempo. Las dificultades eran la señal que Le había retado a enviarme, y en ese momento, me rendí Él. Por primera vez, me encontré buscando genuinamente algo más grande que yo mismo. Las enseñanzas, el compañerismo y los momentos tranquilos de oración comenzaron a transformar mi corazón, desmoronando lentamente la coraza endurecida que había construido a lo largo de los años. Empecé a entender que la vida que había estado llevando y las decisiones que había tomado no estaban alineadas con los valores que realmente deseaba abrazar. La rebeldía que una vez me definió comenzó a desvanecerse, reemplazada por un deseo de algo más profundo y significativo.

Un año después, mi esposa y yo nos mudamos a un pequeño apartamento alquilado. No era mucho, pero era nuestro: un espacio modesto y humilde que llenamos de amor y risas. En ese pequeño apartamento, despojados de lujos materiales pero ricos en conexión, comenzamos a construir nuestra familia. Fue allí donde nació nuestra primera hija, y con su llegada vino un profundo sentido de propósito. Sabía que mi vida había tomado una nueva dirección, una que requería que fuera más de lo que jamás había sido.

Después de años de dificultades, la vida de José dio un giro dramático cuando fue llevado ante el faraón para interpretar sus sueños. Guiado por Dios, José predijo con precisión los años venideros de abundancia y hambruna, y el faraón lo puso a cargo de todos los recursos de Egipto (Génesis 41:39–46). El propósito de José se hizo claro, y fue posicionado para tener un impacto profundo. Esta transformación refleja mi propia experiencia de encontrar propósito en la familia y la fe. Al igual que el camino de José lo llevó a una vida de propósito más allá de sí mismo, yo encontré un llamado que iba más allá de las ambiciones profesionales, enfocándome en construir una vida cimentada en el amor, la fe y la responsabilidad.

Al mirar hacia atrás, veo que Dios utilizó cada giro y cada paso de mi viaje para llevarme a ese momento. Mudarme a Miami no se trataba solo de mi carrera o independencia; se trataba de transformación. Los desafíos que enfrentamos como recién casados, los espacios reducidos, la lucha por costear nuestras necesidades y la decisión de buscar a Dios juntos, se convirtieron en parte de un plan más grande. Comencé a darme cuenta de que mi papel como esposo, padre y líder requería un cimiento arraigado en la fe, la integridad y la responsabilidad.

Estas experiencias marcaron el inicio de un viaje de crecimiento y reconciliación que duraría toda mi vida. Mi perspectiva se transformó, dándome un sentido de propósito que trascendía las ambiciones profesionales. Miami, sin duda, había sido parte del plan de Dios, pero no por las razones que originalmente pensé. Fue el lugar donde finalmente comencé a dejar atrás mi rebeldía y a abrazar una vida centrada en la fe, la familia y el legado: una vida cimentada en los valores por los que mi madre siempre había orado.

CAPÍTULO 4

Navegando una Nueva Industria y Superando Obstáculos

Mi incursión en la industria de TI fue inesperada y estuvo llena de lecciones de humildad: un salto de un puesto gerencial a una posición inicial. Pasar de ser gerente a asistente ejecutivo, o "secretario" como a menudo se le llamaba, requirió un verdadero cambio de perspectiva. Pero sabía que, sin experiencia en la industria, tendría que comenzar desde cero. Estaba decidido a hacerlo funcionar, consciente de que esta podía ser la oportunidad para reconstruir mi carrera en un campo con un potencial enorme. Esto no se trataba solo de un empleo; era un nuevo camino que podía transformar el futuro de mi familia. Así que acepté el rol y me propuse dominar cada aspecto del negocio.

Ser contratado fue el primer desafío. El proceso de entrevistas fue intenso, y un requisito se destacó: dominar Lotus 1-2-3, un software del que nunca había oído hablar. No dispuesto a rendirme, pedí ayuda a un amigo de la iglesia, quien pacientemente dedicó un fin de semana completo a enseñarme el programa. Fue un curso intensivo, pero estaba decidido a demostrar que podía adaptarme y aprender lo que fuera necesario. Para cuando regresé a la entrevista final, pude demostrar suficientes habilidades con Lotus 1-2-3 para asegurar el puesto.

La vida de José dio un giro dramático cuando fue falsamente acusado por la esposa de Potifar y enviado a prisión. En Génesis 39:20–23, José pasó de ocupar una posición de confianza en la casa de Potifar al confinamiento de una celda. Sin embargo, incluso en este revés, el Señor proveyó y le otorgó la confianza del jefe de la prisión, quien puso a su cargo la responsabilidad de todos los prisioneros. Su resiliencia frente a una situación tan desafiante me inspiró, recordándome que los retrocesos pueden ser preparativos para el crecimiento. Al igual que José, quien fue bendecido en circunstancias difíciles, abracé el desafío de esta industria desconocida y me concentré en adaptarme y aprender desde los cimientos.

El momento de mi nuevo empleo llegó con un desafío adicional: al día siguiente nació mi segunda hija. Fue un inicio memorable para este nuevo capítulo, equilibrando las demandas de una familia en crecimiento con la presión de adaptarme a una industria completamente desconocida. Hubo momentos en los que me sentí abrumado, pero el peso de mis responsabilidades solo alimentó mi determinación. En mi tercer día, mi jefe, el presidente de la empresa, salió en un viaje de negocios, dejándome a cargo de atender llamadas, muchas de ellas en portugués, un idioma que no hablaba. No hubo capacitación formal ni tiempo para adaptarme lentamente. Fue una prueba de fuego, y acepté el desafío, adaptándome sobre la marcha. Seis meses después, las personas comenzaron a notar mi resiliencia y mi disposición para enfrentar cualquier tarea, sin importar lo difícil que fuera.

Entonces llegó un situación que cambió el rumbo de forma significativa: la empresa enfrentaba un período de prueba con uno de sus proveedores clave debido a errores pasados. Para mi sorpresa, el CEO y el presidente decidieron nombrarme gerente de producto para ese proveedor, conscientes de que el rol sería una prueba importante de mis habilidades. Me dijeron claramente: "Esto te hará o te quebrará". Impulsado por las lecciones que Sergio me había impartido años atrás—integridad, resiliencia y trabajo duro—me entregué por completo al rol, decidido a cambiar las cosas.

Mientras estaba en prisión, José interpretó los sueños del jefe de los coperos y del jefe de los panaderos del faraón. Sus interpretaciones fueron precisas, lo que más tarde lo llevó ante el faraón (Génesis 40:1–23 y 41:1–16). Aunque estaba en una posición humilde, la bondad y provisión de Dios al darle la interpretación de los sueños le abrieron puertas inesperadas. El viaje de José muestra que, incluso en lugares de dificultad, la provisión de Dios puede traer oportunidades inesperadas.

En mi nuevo rol, asumí el desafío con fe y determinación. El trabajo arduo me llevó a crecer y a encontrar nuevas oportunidades. En menos de un año, nuestra división se convirtió en la más destacada de la empresa. Nuestro éxito llevó a la apertura de un nuevo almacén, un hito que no solo validó mi trabajo, sino que también me mostró el poder de un enfoque comprometido con el liderazgo y la integridad. La experiencia me dio una comprensión profunda de todos los aspectos necesarios para dirigir un negocio internacional: desde construir la confianza del cliente hasta desarrollar experiencia operativa. Quería entender cada rol dentro de mi división, incluso aprendí a operar un montacargas. Puede sonar gracioso, pero para mí fue una experiencia significativa. Aunque era el gerente de la división, creía que era esencial conocer de primera mano lo que implicaba cada puesto para poder liderar de manera efectiva.

En Génesis 41:46–49, después de ser nombrado supervisor de los recursos de Egipto, José se encargó personalmente de cosechar y almacenar alimentos durante los años de abundancia, trabajando diligentemente para preparar el futuro. Este ejemplo de compromiso me inspiró a abordar mi trabajo con humildad y minuciosidad, entendiendo que cada rol contribuye al panorama general. Al igual que José, quería asegurarme de que mis esfuerzos, por pequeños que parecieran, contribuyeran al éxito a largo plazo.

A medida que crecía en este rol, comencé a ver que el verdadero éxito no se trataba solo de números o metas; también se trataba de cómo se lograban esos resultados. En una industria tan competitiva como el negocio internacional, la tentación de tomar atajos era constante. Pero, por mis experiencias, sabía que la integridad era el único fundamento para un éxito duradero. Había visto demasiados ejemplos de decisiones apresuradas y valores comprometidos por ganancias a corto plazo, lo que a menudo llevaba a la pérdida de confianza y a reputaciones dañadas. Proverbios 28:28 se convirtió en un versículo guía para mí: *"Cuando los impíos se levantan, los hombres se esconden; mas cuando perecen, los justos se multiplican.."* Este pasaje me recordaba que el éxito construido a costa de la integridad era temporal, mientras que el éxito basado en la confianza y la honestidad era duradero.

La responsabilidad se convirtió en uno de mis valores fundamentales, extendiéndose más allá de mi vida personal hacia mi trabajo. Mi responsabilidad ante Dios influía en cada decisión, recordándome que mis acciones afectarían no solo el resultado inmediato, sino también las vidas y el bienestar de otros. Mantenerme fiel a mi fe y a mi equipo significaba que cada elección reflejaba mis valores. Esta mentalidad dio forma a mis interacciones, negociaciones e incluso a las decisiones diarias que podrían haber parecido pequeñas, pero que en última instancia formaron la columna vertebral de nuestro éxito.

Hubo momentos en los que mi compromiso con la integridad tuvo un costo. Perdí acuerdos cuando me negué a comprometerme, y enfrenté desafíos que podrían haberse evitado tomando rutas más fáciles. Sin embargo, a largo plazo, este enfoque construyó confianza, lealtad y respeto. Las personas con las que trabajaba sabían que podían contar conmigo, no solo para obtener resultados, sino para lograrlos de manera honorable. La integridad, me di cuenta, no es solo un principio que nos dirige; es la base de todo éxito duradero.

Cuando José ascendió al poder, enfrentó la compleja tarea de administrar los recursos de Egipto antes (recolectando grano durante los años de abundancia) y durante un tiempo de hambruna (Génesis 41:53–57). A pesar de las presiones y desafíos aparentes del rol, José administró los recursos de Egipto, asegurando que la nación sobreviviera a la crisis. La historia de José me enseñó que la integridad no se trata solo del éxito individual, sino de honrar la confianza que otros depositan en nosotros, asegurando que cada decisión que tomemos refleje nuestros valores y nuestra fe.

CAPÍTULO 5

Adoptando un Estilo Gerencial No Tradicional

Después de varios años gerenciando, comencé a darme cuenta de que los enfoques convencionales que observaba a mi alrededor no se alineaban con mi visión del liderazgo. Mi estilo estaba basado en valores cultivados a través de experiencias en Puerto Rico y moldeado por los ejemplos de quienes estaban más cerca de mí. La fortaleza tranquila de mi padre, la resiliencia en oración de mi madre y la perspicacia emprendedora de mis tíos: todas estas influencias convergieron mientras buscaba crear un estilo gerencial que fuera respetuoso, impulsado por la integridad y adaptable a cada situación única.

Una de las primeras pruebas de este enfoque llegó cuando la empresa me dio la responsabilidad de establecer operaciones en Panamá. Esta sería la primera vez que viviría fuera de los Estados Unidos, y la mudanza traía consigo desafíos significativos. Empacamos todo en un contenedor, y volé a Panamá con mi esposa, nuestras dos hijas pequeñas y nuestra perrita salchicha, un regalo que le había dado a mi esposa al comienzo de nuestro matrimonio. Nuestra reubicación ocurrió en medio de mucha turbulencia en Panamá. El momento era poco después de la invasión estadounidense, y el país aún estaba en recuperación. Ciudad de Panamá era un mundo aparte de lo que conocíamos, y la vida diaria se sentía impredecible y exigente.

De muchas maneras, quizás me sentí como José al llegar a Egipto. Él también fue llevado a una tierra extranjera por circunstancias fuera de su control, obligado a adaptarse y sobrevivir en un entorno muy diferente al que había conocido (Génesis 37:28). Cada mañana, mientras conducía a la zona libre para establecer nuestras operaciones, me recordaba que debía construir confianza, establecer una reputación y navegar en un mundo complejo y desconocido. Fue una prueba de resiliencia y fe, un llamado a depender de la guía de Dios incluso en lo desconocido.

En casa, mi esposa y mis hijas enfrentaban sus propios desafíos adaptándose a la vida en Panamá. Las comodidades básicas, como el agua, eran poco confiables, lo que añadía estrés a sus días. Un incidente en particular se destaca. Nuestra pequeña perrita logró cavar un agujero debajo de la cerca y se deslizó hacia el patio del vecino, donde dos perros grandes y agresivos la esperaban. Mi esposa corrió afuera para socorrerla, pero no antes de que los perros del vecino la atacaran. Para cuando logró rescatarla, la perrita estaba cubierta de su propia sangre y de la baba de los otros perros. Cuando llegué a casa esa noche, mi esposa estaba en la puerta con nuestras hijas, sus maletas empacadas, y simplemente dijo: "Nos vamos a un hotel". Sin pensarlo dos veces, tomé las maletas, y nos fuimos.

Este episodio fue uno de muchos que subrayaron la resiliencia que mi familia y yo necesitábamos para que esta transición funcionara. Al igual que José, quien enfrentó numerosos contratiempos y desafíos, desde ser vendido por sus hermanos hasta ser falsamente acusado y encarcelado injustamente (Génesis 37:28, 39:11–20), mi familia y yo encontramos nuestros propios obstáculos. Nos apoyamos en nuestra fe para superar cada día difícil. A pesar de las dificultades, en solo tres meses logramos que la operación en Panamá funcionara sin problemas, desbloqueando nuevas oportunidades y forjando relaciones valiosas en este mercado emergente. En Panamá, con paciencia y dedicación, construí relaciones basadas en el respeto y la confianza, entendiendo que estos valores generarían un éxito duradero.

Justo cuando comenzábamos a sentirnos establecidos, un nuevo vicepresidente se unió a la empresa. Su enfoque era radicalmente diferente al mío: rígido, tradicional y altamente controlador. Su llegada trajo un gran revés: decidió cerrar la operación en Panamá. Este cierre no fue solo una decisión comercial; se sintió personal, como un rechazo a todo el trabajo arduo que mi familia y yo habíamos invertido en el proyecto. Panamá había sido mi primera oportunidad de liderar de una manera no tradicional, una oportunidad para demostrar lo que un enfoque basado en valores podía lograr. El estilo de gerencia del vicepresidente, enfocado más en el control que en la colaboración, sofocó el crecimiento y la moral, y rápidamente me di cuenta del daño que un enfoque inflexible podía causar.

Al igual que José, quien vio cómo sus años de servicio con Potifar terminaron repentinamente cuando fue encarcelado debido a una acusación falsa (Génesis 39:19–20), sentí el dolor de que mi trabajo fuera ignorado. La historia de José me mostró que, a veces, incluso nuestros mejores esfuerzos no pueden prevenir los contratiempos. Sin embargo, estas experiencias pueden conducir al crecimiento, brindando una oportunidad para mantenernos fieles a nuestros valores y confiar en que el plan de Dios sigue desarrollándose. Entendí que, aunque la situación parecía injusta, había un propósito mayor detrás de ella.

Soportar el estilo gerencial del vicepresidente fue difícil, ya que iba en contra de todo lo que creía que debía ser el liderazgo. Después de varios meses de presenciar el impacto de sus decisiones en el equipo, tomé la difícil decisión de renunciar. Estaba listo para seguir adelante e incluso había entrevistado para un puesto en una empresa de fabricación de impresoras en Minnesota. La empresa me llevó durante una breve ventana de buen clima, haciendo que Minnesota pareciera una oportunidad pintoresca. No sabía mucho sobre el estado, pero la belleza de esos pocos días cálidos y el potencial del rol fueron suficientes para considerarlo seriamente. Incluso negocié la oferta, una habilidad que había aprendido de mis tíos, y aceptaron.

Cuando fui a informar al CEO sobre mi renuncia, parecía genuinamente sorprendido, pero lo que sucedió después fue inesperado. Se levantó y salió de la oficina sin decir una palabra, dejándome esperando durante unos cuarenta y cinco minutos. Cuando finalmente regresó, me informó que el vicepresidente ya no trabajaba para la empresa y que yo había sido ascendido. Explicó que valoraba mi enfoque y había observado el impacto que había tenido. Esta experiencia me recordó el momento en que José fue sacado de la prisión para interpretar los sueños del faraón (Génesis 41:14–16). Sentí una validación profunda: las personas notan no solo los resultados, sino también la integridad con la que se logran.

Reflexionando sobre el trabajo en Minnesota, me di cuenta de cómo Dios estaba cuidando de mí y de mi familia. Ese invierno resultó ser uno de los más fríos que Minnesota había experimentado, y con nuestra sangre puertorriqueña, habríamos tenido serias dificultades en condiciones tan extremas. Fue un recordatorio de que, incluso cuando un camino parece correcto, hay un plan más grande en marcha. La puerta se había cerrado para ese capítulo, pero se abrió una nueva e inesperada, en el lugar donde debía permanecer.

Desde ese día, abracé plenamente un enfoque no tradicional en la gerencia. Me di cuenta de que el éxito no se trata únicamente de cumplir objetivos; se trata de construir confianza, fomentar la colaboración y respetar la individualidad de cada miembro del equipo. En lugar de ejercer autoridad a través de títulos, me centré en empoderar a mi equipo y apoyar su crecimiento. Creía en liderar con el ejemplo, asegurándome de que cada acción estuviera alineada con los valores que consideraba fundamentales.

Esta experiencia reforzó una creencia central que guiaría mi carrera: las personas no solo recuerdan lo que logras, sino también cómo lo logras. El liderazgo no se trata de un control rígido ni de imponer una jerarquía; se trata de construir un fundamento de integridad, respeto mutuo y un cuidado genuino por las personas que contribuyen a la visión. Las lecciones que aprendí a través de esos desafíos en Panamá, y el ascenso inesperado que siguió, fortalecieron mi determinación de liderar con integridad, valorando a las personas detrás del trabajo por encima de todo.

CAPÍTULO 6

Guiando la Expansión con Propósito y Principios

Después de varios años como vicepresidente, liderando la división de América Latina (LATAM) con compromiso y visión, se presentó una oportunidad inesperada que pondría a prueba todo lo que había construido hasta ese momento. Nuestra empresa fue abordada por una empresa estadounidense que cotizaba en bolsa y buscaba expandir su alcance internacional. Su objetivo era adquirir nuestra compañía y aprovechar nuestra red de distribución establecida en LATAM para entrar en nuevos mercados. Mi jefe, quien había pasado años construyendo el negocio, vio esto como una oportunidad para llevarlo al siguiente nivel. Después de meses de cuidadosas negociaciones, aceptó vender.

Una de las condiciones de la venta era que yo debía permanecer en la empresa, ya que mi jefe estaba preparándose para dejarla, y yo tenía un conocimiento significativo sobre la distribución en LATAM. Esto fue tanto una afirmación de mi experiencia como una responsabilidad abrumadora. La transición fue complicada, particularmente porque la empresa compradora tenía un pequeño y problemático equipo enfocado en LATAM desde Miami. Habían intentado penetrar en la región supervisando la operación de forma remota y operando principalmente de manera aislada con poca orientación. Sus resultados habían sido insuficientes, y ahora se me encomendaba la tarea de fusionar ese equipo con nuestra operación establecida y dirigirlos bajo una visión cohesiva como vicepresidente de operaciones para LATAM.

Esta responsabilidad me recordó el ascenso de José para supervisar todos los recursos de Egipto en un momento de gran necesidad. Cuando el faraón nombró a José como segundo al mando, le encargó preparar a Egipto para siete años de hambre después de siete años de abundancia (Génesis 41:33–37, 46–49, 53–57). José comunicó un plan claro y organizado para recolectar, almacenar y proteger los recursos, lo que salvó innumerables vidas y fortaleció la influencia de Egipto en la región. De manera similar, tuve que aportar estructura y responsabilidad al equipo de Miami, estableciendo una dirección clara para construir una operación LATAM fuerte y cohesiva.

La resistencia fue inmediata. El equipo de Miami estaba acostumbrado a operar de forma independiente, sin la responsabilidad ni la estructura que nuestra operación había establecido. Se mostraron a la defensiva e incluso desconfiados cuando comencé a implementar nuevas prácticas y expectativas. Dejé en claro que los cambios eran necesarios y ofrecí capacitarlos para cumplir con los estándares que necesitábamos. Sin embargo, mis intentos de liderar y reestructurar se encontraron con resistencia. Algunos miembros incluso llegaron a escalar sus quejas a la sede corporativa en Georgia, cuestionando mis métodos y mi enfoque de liderazgo.

Poco después, me encontré en una reunión con los ejecutivos corporativos, donde cuestionaron mi enfoque. Insinuaron que quizás mi estilo gerencial era demasiado firme para el equipo de Miami, sugiriendo que un enfoque más suave podría producir mejores resultados. En lugar de retroceder, aproveché la oportunidad para explicar la realidad de la situación. El equipo había estado operando con una supervisión mínima, y su falta de estructura había llevado a ineficiencias y malos resultados. No se trataba de cambiar mi enfoque; se trataba de inculcar disciplina y alinearlos con la visión de la empresa para LATAM. Enfaticé que, si queríamos construir una operación exitosa, la consistencia y la responsabilidad eran esenciales. Después de escucharme, los ejecutivos comprendieron y me dieron luz verde para proceder como considerara necesario.

Este momento me recordó los encuentros de José con los egipcios durante la severa hambruna. José intercambió grano por dinero, luego por ganado y finalmente por tierras, salvando las vidas de los egipcios (Génesis 47:13–26). Su firmeza al ejecutar su plan, incluso bajo presión, fue un recordatorio de la importancia de mantenerse firme en los principios para lograr el éxito a largo plazo. Al igual que José, entendí que mantener la estructura y la disciplina era esencial para construir una base de crecimiento sostenible.

Con el apoyo de la corporación, seguí adelante con los cambios, capacitando al equipo donde era posible y reestructurando cuando era necesario. Fue un período desafiante, pero gradualmente, la operación en Miami comenzó a estabilizarse y alinearse con nuestros objetivos más amplios. Esta experiencia no solo reforzó la importancia de la resiliencia, sino que también subrayó la necesidad de claridad y firmeza en el liderazgo, incluso frente a la oposición.

Mis responsabilidades continuaron creciendo. Ahora tuve la oportunidad de supervisar adquisiciones en Brasil y Argentina, ampliando nuestra presencia en mercados clave. Cada adquisición trajo nuevas dinámicas: nuevas culturas, nuevos equipos y la necesidad de integrar sus operaciones en las nuestras sin perder las fortalezas únicas que aportaban. Además de las adquisiciones, lideré el establecimiento de operaciones orgánicas en Colombia y Puerto Rico. Cada nueva oficina fue una oportunidad para construir desde cero, creando una base sólida arraigada en los valores de integridad y responsabilidad que se habían convertido en los principios que me regían.

A través de las provisiones del Señor, el liderazgo de José no solo salvó a Egipto, sino que también creó un legado que benefició a las naciones vecinas durante la hambruna (Génesis 41:55–57). La administración de José sobre los recursos de Egipto le permitió tener un impacto no solo en Egipto, sino también en la región y en toda la tierra. Mientras expandía las operaciones por América Latina, el ejemplo de José me recordaba liderar cada nueva adquisición y establecimiento con integridad, priorizando las relaciones y el crecimiento a largo plazo sobre las ganancias inmediatas.

Nuestra oficina en Miami, ahora la sede regional, se convirtió en el centro operativo para América Latina. Con cada nuevo país y cada nueva adquisición, obtuve una comprensión más profunda de las complejidades de dirigir un negocio internacional. Cada desafío— desde las diferencias culturales hasta los contratiempos logísticos— me enseñó a adaptarme mientras mantenía el enfoque en nuestras metas a largo plazo. Aprendí de primera mano que la resiliencia no se trata solo de superar obstáculos, sino de mantener una visión clara y fomentar la unidad, incluso frente a la resistencia.

Estas experiencias también profundizaron mi compromiso con un estilo gerencial no tradicional, uno que equilibra la disciplina con la empatía y sostiene los principios de responsabilidad y respeto. A medida que nos expandíamos, vi el impacto positivo de construir una cultura en la que los miembros del equipo se sintieran apoyados, pero también comprometidos con altos estándares. Al invertir en su desarrollo, pude crear un ambiente donde no solo se sintieran motivados, sino también empoderados para liderar. Este enfoque no solo construyó equipos exitosos, sino que sentó las bases para un crecimiento sostenible y basado en valores en toda la región.

El liderazgo de José durante la crisis en Egipto dejó una huella duradera para las generaciones futuras. Esta historia reforzó mi creencia de que valores como la integridad y la responsabilidad no son solo herramientas para el éxito; son el corazón de este. A través de estas experiencias, seguí construyendo no solo equipos resilientes, sino también un legado que esperaba inspirara a otros mucho después de mi tiempo en la industria.

Esta etapa de mi carrera me enseñó que el verdadero liderazgo es mucho más que administrar tareas; se trata de guiar a las personas a través de los desafíos, apoyarlas cuando lo necesitan y mantener firmes los principios que nos definen como individuos y como equipo. Cada adquisición, cada contratiempo y cada lanzamiento exitoso en América Latina solidificó mi convicción de que la integridad y la responsabilidad son el núcleo de un liderazgo significativo.

CAPÍTULO 7

Fortaleciendo la Resiliencia a través de Obstáculos y Oportunidades

A medida que mi carrera avanzaba, también lo hacían la amplitud y complejidad de mis responsabilidades. Cada nuevo desafío me instaba a adaptarme y perfeccionar mi estilo de liderazgo. Liderar operaciones en toda América Latina me brindó oportunidades inigualables, cada una de ellas presentando pruebas únicas para mi resiliencia y determinación. Desde adquisiciones en Brasil y Argentina hasta el establecimiento de operaciones orgánicas en Colombia y Puerto Rico, cada proyecto fue único. Estas experiencias, aunque variadas, consistentemente afirmaron mi creencia en un enfoque de liderazgo basado en valores y centrado en las personas.

Una de las experiencias más determinantes y desafiantes de mi carrera se desarrolló en Brasil. La corporación decidió llevar a cabo una adquisición en ese país, y tras una extensa investigación, recomendé una empresa que, en mi opinión, se alineaba estratégicamente con nuestros objetivos y sería una base sólida para nuestra expansión en LATAM. A medida que la corporación inició las negociaciones con la empresa, estas se tornaron rápidamente intensas. El presidente de la compañía que queríamos adquirir era un negociador hábil, y las idas y vueltas pusieron a prueba la paciencia de todos. Sin embargo, nuestro propio presidente dejó que el ego tomara el control. En lugar de perseverar en las negociaciones, se frustró con la resistencia y decidió abandonar el acuerdo por completo. En su lugar, optó por otra empresa que no era mi primera opción, una que sabía presentaría desafíos a largo plazo. Se me instruyó que no interviniera en la adquisición y que permitiera que la corporación liderara la integración de forma independiente. Observar desde la distancia cómo esta adquisición luchaba, mientras otras operaciones prosperaban, fue un desafío y una desilusión.

Esta experiencia me recordó el viaje de José en Egipto, particularmente los años que pasó en prisión tras ser falsamente acusado por la esposa de Potifar (Génesis 39:20–23). Como José, me sentí relegado, viendo cómo las decisiones se desarrollaban fuera de mi control. Sin embargo, me mantuve fiel a mi compromiso con la integridad, confiando en que mis valores eventualmente demostrarían a la empresa que el enfoque que habían tomado para manejar la adquisición en Brasil no era el correcto. Creía que esto eventualmente me brindaría la oportunidad de contribuir a esta operación, tal como lo había hecho con otras en la región.

Con el tiempo, la corporación comenzó a notar las deficiencias de la nueva adquisición y finalmente me contactó para pedir ayuda. Sabía que estaba a punto de enfrentar uno de los desafíos más intensos de mi carrera. Sin dudarlo, mi familia y yo empacamos nuestras vidas una vez más, preparándonos para un nuevo comienzo en Brasil. Esta no era una asignación ordinaria. No solo estaba ingresando a un mercado desconocido con regulaciones y matices culturales distintos, sino que también estaba asumiendo una empresa ya acosada por pérdidas sustanciales y problemas de moral. El equipo que estaba a punto de liderar había experimentado una inestabilidad y una incertidumbre severas, con desafíos que pondrían a prueba incluso al líder más experimentado. Fue necesario reemplazar a todo el equipo directivo de Brasil, y asumí el control total de la operación, siendo responsable de guiar a un equipo de más de cien empleados que habían soportado la tensión de una adquisición fallida.

La responsabilidad era abrumadora, pero la vi como una oportunidad para reforzar mi compromiso con un estilo de liderazgo centrado en la resiliencia, la empatía y la confianza. Abordé la situación dando prioridad a la comunicación transparente y estableciendo metas claras y alcanzables. La confianza fue mi primer objetivo, ya que sabía que, sin ella, el equipo tendría dificultades para superar sus dudas y frustraciones. Pasé incontables horas trabajando directamente con los miembros del equipo, escuchando sus preocupaciones, comprendiendo los desafíos que enfrentaban a diario y mostrándoles que estaba completamente comprometido con la reconstrucción de la operación.

El viaje de José dio un giro dramático cuando, con la ayuda de Dios, fue llamado para interpretar los sueños del faraón, lo que lo llevó a ascender de prisionero a líder de Egipto (Génesis 41:39–46). Transformó Egipto almacenando estratégicamente recursos durante los años de abundancia para prepararse para la hambruna. Como José, llegué a Brasil listo para reconstruir, utilizando mi experiencia y mi compromiso con un liderazgo basado en valores para establecer una base de confianza y estabilidad.

Me enfoqué tanto en una transformación cultural como financiera. Establecimos una base de mentoría, diálogo abierto y empoderamiento, cambiando de un enfoque directivo de arriba hacia abajo a un entorno colaborativo donde los miembros del equipo se sintieran valorados y responsables. Poco a poco, reconstruimos la división desde cero, convirtiéndola en una operación rentable y próspera. Ver la transformación fue profundamente gratificante y reforzó mi convicción de que un enfoque de liderazgo centrado en las personas y la confianza puede producir resultados excepcionales incluso en las condiciones más difíciles.

Al reflexionar sobre el viaje hasta este punto, no podía ignorar una de las mayores lecciones que había aprendido: el peligro del ego. La lucha por la adquisición en Brasil subrayó cuán fácilmente el ego puede interferir con una toma de decisiones sólida, descarrilando proyectos que, de otro modo, tendrían un gran potencial. Había visto de primera mano cómo el orgullo puede nublar el juicio, y esta experiencia reforzó la importancia de la humildad y la adaptabilidad en el liderazgo.

La humildad de José permaneció intacta incluso después de alcanzar el poder. A pesar de su autoridad, reconoció la guía de Dios al interpretar sueños y administrar los recursos de Egipto (Génesis 41:16, 50:19–21). La humildad le permitió servir a los demás, y me di cuenta de que era una cualidad esencial para un liderazgo efectivo. Como José, aprendí que la humildad es crucial en el liderazgo, especialmente cuando el orgullo y el ego amenazan con comprometer el buen juicio.

A medida que la operación en Brasil comenzaba a prosperar, surgieron desafíos en la sede corporativa. Una vez más, me encontré en desacuerdo con un ejecutivo que no valoraba los éxitos únicos de la división LATAM. A pesar de nuestros logros, su falta de apoyo creó obstáculos que hicieron cada vez más difícil que la división alcanzara su máximo potencial. Finalmente, me di cuenta de que mi viaje con la compañía estaba llegando a su fin. Los valores que mantenía— integridad, empatía y un enfoque centrado en las personas—estaban siendo comprometidos, y sabía que era hora de seguir adelante.

Dejar la compañía fue un revés, pero también una reafirmación de la fortaleza y la resiliencia que había construido a lo largo de los años. Desde navegar adquisiciones hasta adaptarme a diversas regulaciones y culturas empresariales, cada desafío había fortalecido mi determinación. Dejé la empresa con confianza en la filosofía de liderazgo que había desarrollado: una arraigada en la integridad, la confianza y el compromiso de elevar a los demás. Cada revés y cada logro habían fortalecido mi convicción de que el éxito es mucho más que números; se trata de cómo se logran y del legado que se deja atrás.

Este capítulo fue más que una lección en resiliencia. Fue una experiencia fundamental que subrayó la importancia de la flexibilidad, la empatía y la consistencia en el liderazgo, así como el coraje de mantenerse fiel a los propios valores incluso cuando requiere dar un paso al costado. La experiencia en Brasil también me enseñó el peligro del ego y cómo puede nublar el juicio, obstaculizar el crecimiento y comprometer el éxito. Dejé la compañía con una comprensión renovada de que el verdadero liderazgo requiere humildad, mantener el ego bajo control y priorizar la visión colectiva sobre el orgullo personal. Sabía que el camino por delante seguiría siendo moldeado por estos principios, construyendo sobre el legado de un liderazgo basado en valores que cada desafío había ayudado a solidificar.

CAPÍTULO 8

Las Recompensas de Construir desde los Cimientos

A estas alturas, podrías imaginar mi carrera como una montaña rusa, llena de intensos altibajos y desafíos constantes. Justo cuando pensaba que había encontrado terreno firme, la vida cambiaba, llevándome por otro camino inesperado. Sin embargo, aún no había terminado con estos cambios. Después de años liderando como vicepresidente de operaciones para LATAM, di un salto de fe hacia un startup. Me uní a un hermano de la iglesia para lanzar una empresa proveedora de servicios de internet inalámbrico (WISP) en Miami. Este no fue un paso pequeño; era una iniciativa basada no solo en el potencial comercial, sino también en nuestra visión y valores compartidos.

A lo largo de las pruebas de construir este negocio, a menudo encontré fortaleza en el ejemplo de José. Como él, que enfrentó traiciones, falsas acusaciones y prisión, solo para luego ascender a un lugar de influencia e impacto, yo también veía propósito en mis luchas (Génesis 50:20). La historia de José—marcada por paciencia, fe inquebrantable y un compromiso constante con sus valores—me recordaba que cada dificultad tiene un propósito divino. Su historia me enseñó a confiar en el tiempo de Dios, sabiendo que los contratiempos pueden ser preparativos para un plan mayor. Esta comprensión me dio un sentido renovado de dirección, animándome a centrarme en construir un legado basado en valores, incluso frente a los obstáculos.

Construir este negocio no se trataba solo de alcanzar el éxito; se trataba de crear un legado fundamentado en respeto, integridad y servicio a la comunidad. Cada día sentía que avanzaba, construyendo algo que honraba los valores que apreciaba. Y, sin embargo, como ocurre con cualquier startup, el camino estuvo lejos de ser fácil. Enfrentamos presupuestos ajustados, largas jornadas laborales y obstáculos imprevistos, pero sentí una satisfacción que no había experimentado en roles corporativos. Este proyecto no se trataba de títulos o poder; se trataba de crear algo duradero.

La vida de José ilustra cómo la resiliencia y la fe pueden conducir a un éxito duradero. Después de años de dificultades, ascendió al poder en Egipto, donde administró los recursos de la nación durante una hambruna, salvando innumerables vidas (Génesis 41:41–57). Con la provisión del Señor, las luchas de José, vistas antes como obstáculos, se convirtieron en peldaños hacia una posición de influencia donde pudo dejar un impacto significativo. Como José, sentí que las pruebas de construir este startup no eran solo desafíos, sino oportunidades para construir algo con propósito, un negocio que honrara los valores de integridad y servicio.

Entonces llegó una oportunidad inesperada con un importante proveedor de tecnología. No era un puesto de vicepresidente, sino un cargo de gerencia regional. Al principio, parecía un paso atrás, pero vi el potencial de aprender algo invaluable: trabajar directamente para un fabricante, un área del negocio de TI que aún no había explorado. Comprendí que esta experiencia me equiparía con conocimientos que podrían darme una ventaja en el futuro, ampliando mi comprensión del panorama general de la industria de TI. Acepté el puesto, y durante los siguientes tres años me dediqué a orientar empleados, enfatizando un enfoque centrado en valores basado en la mentoría y la integridad. A través de este rol, adquirí experiencia invaluable apoyando equipos regionales en mercados diversos. Pude observar de primera mano que, sin importar el país, un enfoque basado en valores tiene un poder universal. Los principios de confianza, respeto e integridad tenían el mismo impacto profundo, ya fuera trabajando con equipos en Miami, México o Brasil. Esta experiencia reforzó mi convicción de que una base de valores compartidos puede unir a las personas más allá de las fronteras, creando lealtad y compromiso que trascienden las diferencias culturales.

Un día, sin embargo, recibí una llamada inesperada de mi antigua compañía. El ejecutivo que no valoraba la división de América Latina ya no estaba, y las operaciones en LATAM enfrentaban dificultades. Brasil y Puerto Rico habían cerrado, y la gerente general de la operación en Colombia se había unido a un competidor. Querían que asumiera el cargo de gerente general en Colombia para garantizar que la operación se mantuviera estable tras su partida. Después de mucha oración y consideración cuidadosa, acepté regresar. No fue una tarea fácil, pero en menos de un año, el equipo en Colombia no solo estaba comprometido, sino que prosperaba, y el competidor que había tomado a nuestra exgerente eventualmente cerró. El éxito renovado en Colombia llevó a la junta directiva a traerme de vuelta a Miami para continuar con la estrategia de expansión que inicialmente había trazado.

Sin embargo, justo cuando encontraba mi ritmo, las dinámicas corporativas cambiaron nuevamente. Los accionistas, insatisfechos con las decisiones tomadas en la división doméstica de la compañía, decidieron reemplazar a la junta directiva por un nuevo equipo, uno sin experiencia en distribución de TI ni en los mercados de LATAM. Decidieron enfocarse exclusivamente en el mercado de EE. UU., reteniendo solo la operación de Colombia, y me pidieron que diera un paso al costado, seguros de que podrían manejar Colombia independientemente, a pesar de mis advertencias.

La historia de José vino a mi mente en este momento. Después de años de separación de su familia, José se reunió con sus hermanos, quienes, sin saberlo, buscaron su ayuda durante la hambruna (Génesis 45:1–15). Podría haber guardado rencor, pero eligió el perdón, viendo su posición como una oportunidad para apoyar y salvar a su familia. Al igual que José, entendí la importancia de dejar atrás los desafíos del pasado y aprovechar las oportunidades para ayudar donde pudiera marcar la diferencia. Este llamado para regresar a Colombia me recordó que, a veces, somos colocados en situaciones específicamente para traer estabilidad y apoyo a quienes lo necesitan.

Regresar a la empresa WISP que había cofundado se sintió como volver a casa. Mi socio y yo enfrentamos tiempos desafiantes, pero Dios estuvo con nosotros, guiándonos a través de cada dificultad y bendiciendo nuestro trabajo. Fue un tiempo de reflexión y crecimiento, en el que apliqué todo lo que había aprendido a lo largo de los años. Juntos, navegamos por aguas turbulentas, reforzando nuestro compromiso de construir un negocio con propósito.

Años después, la junta directiva que había asumido el control de mi antigua empresa volvió a contactarme. Esta vez, el tono de la conversación era humilde. Reconocieron sus errores del pasado y expresaron su necesidad de ayuda. Al principio, dudé, ya que me sentía satisfecho con el progreso que habíamos logrado con el WISP. Pero las llamadas continuaron, y eventualmente revelaron la realidad: la compañía estaba en serios problemas financieros, y la única operación que quedaba por salvar era la de Colombia. Necesitaban a alguien para ayudar a revivir la operación en Colombia, y querían que yo formara parte de ese esfuerzo.

Después de tomarme tiempo para orar, hablar con mi esposa y consultar con mi socio, sentí que tal vez Dios me estaba guiando de regreso a Colombia. Decidí establecer algunas condiciones, esperando que las rechazaran. Para mi sorpresa, aceptaron cada una de ellas, y este acuerdo allanó el camino para que me convirtiera en socio accionista en la operación de Colombia.

La resiliencia de José durante tiempos difíciles inspiró mi enfoque. José mantuvo su fe y compromiso con Dios, incluso en la adversidad. Él vio el propósito de Dios en sus luchas, explicando a sus hermanos que lo que ellos intentaron para mal, Dios lo usó para bien (Génesis 50:19–21). Al igual que José, vi el valor de confiar en el propósito de Dios para cada desafío, y me sentí motivado a liderar la operación de Colombia con fe en que nuestros valores compartidos podrían traer renovación y éxito.

El camino para reconstruir fue intenso. Los proveedores dudaban en extender crédito, los clientes cuestionaban nuestra capacidad para satisfacer sus necesidades, y el escepticismo rodeaba cada aspecto de la operación. Pero sabía que, con la guía de Dios, mi reputación y un equipo comprometido, podíamos restaurar la confianza. Poco a poco, trabajamos para reconstruir la confianza entre nuestros proveedores, clientes y miembros del equipo, inspirando a todos a creer nuevamente en nuestra visión compartida. Cada desafío fue una oportunidad para demostrar que un enfoque basado en valores podía superar incluso los obstáculos más difíciles.

Al reflexionar sobre estas experiencias, recuerdo cuán fundamentales son la confianza, la integridad y la fe. Confiar en el plan de Dios y liderar con valores transformó lo que parecía una situación imposible en un poderoso testimonio de resiliencia y el inquebrantable poder de la fe. Juntos, no solo resucitamos la empresa; construimos una base más sólida para el futuro.

Me di cuenta de que, aunque los contratiempos son inevitables, tener fe en el propósito de Dios, que es más grande que nuestros propios planes, nos permite transformar la adversidad en éxito duradero y un impacto significativo.[2] A través de todo ello, comprobé de primera mano que un negocio guiado por valores no se trata solo de generar ganancias, sino de dejar un legado, impactar vidas y demostrar que cuando lideramos con integridad, construimos algo mucho más duradero que cualquier resultado financiero.

---

[2] Confía en el Señor con todo tu corazón, y no te apoyes en tu propio entendimiento. Reconócele en todos tus caminos, y Él enderezará tus sendas. (Proverbios 3:5–6).

CAPÍTULO 9

Resucitando un Negocio y Dejando un Legado

Al mirar atrás, veo que mi camino no se trató solo de construir negocios; se trató de construir legados. Regresar a la operación en Colombia fue una oportunidad para dar nueva vida a un negocio que estaba agonizando y para establecer un ejemplo para la próxima generación de líderes. Sin embargo, esta vez, el peso de la responsabilidad se sintió diferente, no solo por los desafíos que teníamos por delante, sino por las familias que dependían del éxito de esta operación. Con el tiempo, nos convertimos en un equipo de más de doscientas personas. Cada miembro representaba un hogar que confiaba en la estabilidad y la visión de nuestro trabajo conjunto.

La historia de José resuena profundamente con el propósito que encontré al regresar a Colombia. Después de años de dificultades, José ascendió al poder en Egipto, donde preparó a la nación para la hambruna al administrar los recursos con sabiduría y previsión (Génesis 41:39–57). Su liderazgo no solo salvó vidas, sino que estableció un legado de provisión y compasión. Al igual que José, me sentí impulsado por el deseo de construir algo que sostuviera a los demás, de crear una base que impactara no solo a nuestro equipo, sino también a las muchas familias que dependían de nosotros para su estabilidad y seguridad.

Resucitar la operación en Colombia no fue fácil, pero me apoyé en mi fe, mis experiencias y la dedicación inquebrantable de nuestro equipo. Juntos, creamos una cultura de resiliencia, donde la integridad se priorizaba sobre los atajos, donde la mentoría era más importante que la simple gestión, y donde cada individuo se sentía valorado y empoderado. Esto no se trataba solo de crear un negocio rentable; se trataba de construir una base que inspirara a otros a liderar con propósito y valores, sabiendo que cada decisión impactaba a una comunidad de familias.

Uno de los aspectos más gratificantes de este viaje ha sido ver múltiples generaciones representadas dentro de nuestro equipo. Algunos miembros, que estuvieron con nosotros desde el primer día, se han convertido en mentores, guiando a colegas más jóvenes que traen nuevas ideas y energía fresca. Hay baby boomers cuyo fuerte sentido de ética laboral y lealtad han sido ejemplos durante años. La Generación X ha aportado adaptabilidad y resiliencia. Los millennials y la Generación Z nos han inspirado con su conocimiento tecnológico y pensamiento innovador. Esta mezcla de generaciones no solo ha fortalecido nuestra organización, sino que también me ha recordado la importancia de honrar las fortalezas únicas de cada generación, un enfoque que ha creado una cultura próspera.

La influencia de José en Egipto se extendió más allá de su liderazgo inmediato, impactando a las generaciones venideras. Después de reunirse con su familia, les proveyó y aseguró su futuro en Egipto (Génesis 45:1–15, 50:19–21). Su cuidado por su familia y las generaciones futuras se reflejó en mi propio compromiso de fomentar un lugar de trabajo donde cada generación pudiera contribuir de manera significativa. El ejemplo de José me animó a valorar la sabiduría de los miembros mayores del equipo y la innovación de los más jóvenes, creando una cultura que une generaciones y construye un equipo más fuerte y resiliente.

Al invertir en estas dinámicas generacionales, hemos cultivado una cultura donde se valora la perspectiva de todos y donde la experiencia y la innovación pueden coexistir. Las generaciones mayores comparten su sabiduría y dedicación, mientras que los miembros más jóvenes nos desafían a evolucionar y mantenernos relevantes en un mercado en constante cambio. Este espíritu colaborativo ha sido vital para nuestro éxito y destaca la importancia de construir un legado del que cada generación pueda sentirse orgullosa.

A medida que nos consolidamos como un distribuidor líder, sentí un profundo sentido de realización, no por la posición de accionista que ocupaba, sino porque habíamos creado algo que nos trascendería a todos. Construimos un legado de integridad, compasión y resiliencia que sirve como un faro para quienes vengan después de nosotros. Los valores que hemos inculcado—honrar los compromisos, apoyarnos mutuamente como una familia y fomentar un espíritu de aprendizaje continuo—han creado una base para el éxito sostenible, una que espero inspire a futuros líderes a priorizar a las personas sobre las ganancias.

El legado de José no fue solo su éxito al salvar a Egipto durante la hambruna, sino también su compromiso con su familia y su fe. Sus acciones demostraron que un liderazgo basado en valores puede dejar un impacto duradero, beneficiando a las generaciones futuras e inspirando a otros a liderar con integridad y compasión. Al igual que José, aspiré a dejar un legado que continuara inspirando y sirviendo a los demás mucho después de mi tiempo en la industria.

Este es el legado que espero dejar para mi familia, mi equipo y todos los que sigan nuestros pasos. Saber que hemos construido algo que no solo apoya a muchas familias, sino que también infunde un sentido de propósito y unidad entre generaciones, refleja un esfuerzo exitoso.

CAPÍTULO 10

Viviendo con Propósito Más Allá del Éxito

Al reflexionar sobre mi camino, he llegado a entender que el verdadero éxito va mucho más allá de las ganancias o los títulos; se trata de vivir una vida con propósito, moldeada por la fe y la integridad. Cuando me mudé a Miami con cien dólares en el bolsillo y un trabajo vendiendo joyas, no tenía idea de a dónde me llevaría la vida. Desde los primeros días enfrentando las dificultades de una nueva industria, hasta dar saltos audaces hacia territorios desconocidos, cada capítulo de mi vida fue una mezcla de triunfos y pruebas, altibajos y desafíos. En cada pico y valle, aprendí que el éxito se encuentra en el impacto que tenemos en los demás, los valores que sostenemos y el legado que dejamos atrás.

La vida de José refleja esta comprensión de un propósito más allá del éxito. Vendido como esclavo y luego elevado al rango más alto en Egipto (excepto por el faraón), la historia de José es un testimonio de fe, integridad y perseverancia. A pesar de la traición y las dificultades, mantuvo una firme creencia en el plan de Dios. Cuando finalmente se reunió con sus hermanos, los perdonó y les dijo: "Vosotros pensasteis hacerme mal, pero Dios lo tornó en bien para que sucediera como vemos hoy, y se preservara la vida de mucha gente." (Génesis 50:20). La fe de José me enseñó que, incluso ante los contratiempos, el propósito de Dios puede traer transformación y crecimiento. Como José, descubrí que el verdadero propósito no proviene de alcanzar poder o riqueza, sino de permanecer fiel a los valores que nos definen y usar nuestra influencia para servir a los demás.

El Salmo 23 se convirtió en un ancla poderosa durante estos altibajos. En momentos de lucha, me recordaba: "El Señor es mi pastor; nada me faltará". Esas palabras me hablaban en mis valles más oscuros, recordándome que nunca estaba solo. Dios me estaba guiando, preparándome e incluso restaurándome cuando me sentía perdido. La certeza de que Él me llevaría "junto a aguas de reposo" y "restauraría mi alma" me consolaba en momentos de duda, recordándome que mi camino no se trataba solo de alcanzar la cima, sino de honrar a Dios en cada paso. El Salmo 23 me mostró que, con Dios como mi guía, tenía todo lo que necesitaba para enfrentar cualquier desafío, ya fuera un revés en mi carrera, una mudanza difícil o un período de transformación personal.

Al reflexionar sobre la influencia del Salmo 23, vienen a mi mente recuerdos de mi madre, la guerrera de oración cuya fe me moldeó profundamente. En sus últimos años, el Alzheimer fue borrando sus recuerdos poco a poco, pero su espíritu permaneció inquebrantable. Durante sus últimos días, aunque ya no reconocía a nadie, nos poníamos a su lado recitando el Salmo 23. Comenzábamos un versículo, y aunque su mente luchaba con tantas cosas, ella lo completaba, terminando cada línea con la misma convicción que me había enseñado a lo largo de su vida. Estos momentos me recordaron que las palabras de fe que atesoraba permanecían profundamente arraigadas en su corazón, un legado de resiliencia que el Alzheimer nunca pudo borrar.

Mirando hacia atrás, puedo ver la mano de Dios en todo. Su plan transformó a un joven rebelde de un pequeño pueblo en Puerto Rico en alguien que podía liderar con integridad y propósito. Si Él pudo tomar mi vida—marcada por errores, lecciones y numerosos desvíos—y convertirla en un viaje significativo, creo que puede hacer lo mismo con cualquiera. Cada contratiempo se convirtió en una oportunidad para crecer, fortalecer mi fe y desarrollar un propósito más profundo. Cada vez que tropezaba, Dios estaba allí, guiándome hacia adelante, usando mi historia para demostrar Su poder para redimir y transformar.

La vida de José nos recuerda que Dios puede usar nuestras pruebas para fortalecernos y prepararnos para un propósito más grande de lo que podemos imaginar. A pesar de enfrentar traiciones, falsas acusaciones y prisión, José mantuvo su fe y finalmente fue posicionado para salvar muchas vidas, incluidas las de su familia. Su viaje me mostró que cada desafío puede servir a un propósito superior, y que confiar en el tiempo de Dios nos permite ver los contratiempos como parte de un plan mayor. Como José, aprendí que una vida marcada por la fe y la resiliencia puede traer esperanza y redención, creando un legado que honra a Dios e impacta a los demás.

Liderar con propósito significa abrazar cada paso como parte de una historia más grande. Es entender que el legado que dejamos no está solo en los negocios que construimos o los roles que ocupamos, sino en las vidas que tocamos, los valores que transmitimos y la motivación que ofrecemos a los demás en el camino. Pido a Dios que mi historia sirva como un recordatorio de que el éxito está al alcance de cualquiera que esté dispuesto a trabajar duro, vivir con integridad y confiar en la guía de Dios. Construir "desde los cimientos" no se trata solo de empezar con poco; se trata de estar arraigado en el propósito, levantar a otros a medida que avanzamos y honrar a Dios con cada paso.

Al igual que José, quien ascendió a una posición de influencia pero nunca vaciló en su compromiso con Dios, espero que mi vida refleje el poder de la fe y la integridad. El legado de José perduró no por su riqueza o título, sino por su dedicación a servir a los demás y cumplir el propósito de Dios. Inspirado por su viaje, he llegado a comprender que vivir con propósito significa aspirar no solo al éxito, sino a un legado que inspire a las generaciones futuras a liderar con fe, valentía y compasión.

Que todos podamos esforzarnos no solo por el éxito, sino por la trascendencia, dejando un legado que refleje Su amor e inspire a otros a caminar su camino con fe, valentía y propósito.

CAPÍTULO 11

Liderar Cuando las Luces del Escenario Pesan

Hay temporadas en el liderazgo en las que de repente nos encontramos en el centro de algo que nunca buscamos—no por ambición ni por fracaso, sino por una presencia visible forjada a través del trabajo constante, valores coherentes y una reputación cuidadosamente construida con el tiempo. Para algunos, esa presencia se percibe como una amenaza. Para otros, se convierte en una silenciosa fuente de fortaleza.

Lo percibí rápidamente: esta era una de esas temporadas.

Nunca buscamos el protagonismo. Nos involucramos únicamente por la importancia de la subsidiaria que habíamos construido—una empresa en la que nos dimos por completo, que hicimos crecer desde cero y en la que seguimos profundamente comprometidos. Su integridad y su impacto la convirtieron en una voz significativa dentro de una conversación mucho más amplia. Lo que no anticipamos fue cuán compleja, profundamente personal y agotadora para el alma se volvería la situación.

Fui testigo de una secuencia de eventos sin precedentes—personas empleando un repertorio de tácticas, pasando por alto tanto la verdad y las consecuencias, en la búsqueda de la victoria. No demostraron una preocupación genuina por las personas involucradas ni por el bienestar a largo plazo de la organización. Fabricaron una apariencia de cuidado mientras ocultaban sus motivos bajo disfraces de estrategia calculada. Construyeron narrativas no para sostener la verdad, sino para manipular la percepción. Los participantes reunieron apoyo no mediante la transparencia, sino arraigándose a ambiciones personales. Quienes se sumaron lo hicieron sin cuestionar las intenciones que se escondían entre líneas. En lugar de buscar unidad o soluciones, el peso se desplazó hacia el ataque, el descrédito y el silenciamiento de las voces disidentes.

Lo que al principio percibí como una interrupción de corto plazo se transformó en una de las temporadas más desafiantes de mi vida profesional.

Las circunstancias de José no fueron accidentales. Y comencé a reconocer que esta situación tampoco lo era. No estaba allí para librar una batalla pública ni para defenderme. Estaba allí para representar algo diferente: para mantenerme firme en silencio, para animar a otros, para orar de manera constante y para confiar en que, incluso en medio de circunstancias injustas y caóticas, el propósito de Dios prevalecería.

Esta es la historia de esa temporada—no con nombres ni acusaciones, sino con las lecciones que llevé conmigo a través de ella y la fe que me sostuvo en medio de la tormenta.

EL DESAFÍO

Fui involucrado en la situación debido a la importancia estratégica del negocio que dirijo. La empresa se había convertido en una de las operaciones más respetadas y rentables de su sector, y tanto los accionistas como los miembros del directorio reconocían su éxito. Esa visibilidad me dio una voz—una voz que ambos lados del conflicto intentaron reclamar.

Sin embargo, pronto descubrí que no todos valoraban nuestra operación por las mismas razones. Una de las partes—el grupo que había iniciado el conflicto—no se preocupaba genuinamente por nuestro negocio. Su objetivo era proteger sus propios intereses y mantener el control. Aun así, sabiendo cuánto respetaban los accionistas lo que habíamos construido, aprovecharon la credibilidad de nuestra empresa para fortalecer su imagen. Hablaban como si les importara, pero a puertas cerradas, sus acciones revelaban sus verdaderos motivos.

A medida que la situación se desarrollaba, asumí dos roles. Primero, protegí la subsidiaria que ayudé a construir de posibles daños colaterales—resguardando a nuestra gente y nuestra reputación de las consecuencias de decisiones tomadas muy lejos de nuestro trabajo cotidiano. Segundo, me convertí en una fuente de ánimo y apoyo para la persona que estaba bajo ataque—quien cargaba con el peso de la crítica pública, los desafíos legales y una presión creciente desde todos los frentes.

La persona en el centro de los ataques enfrentó un tiempo excepcionalmente difícil, muchas veces permaneciendo sola bajo las luces del escenario. Dios me colocó allí para estar a su lado, para ofrecer verdad, oración y fortaleza silenciosa—no por obligación, sino porque era lo correcto.

A lo largo de nueve meses, fui testigo de un nivel de disfunción que nunca antes había visto—decisiones impulsadas por el ego, actos deliberados de exclusión, intentos de manipular tanto los procesos como la percepción, y ataques personales diseñados para desgastar a las personas. Las reuniones se convirtieron en campos de batalla. La verdad pasó a ser negociable. Y lo que estaba en juego fue mucho más allá de lo que cualquier título o conteo de votos podía reflejar.

A medida que el tiempo y el apoyo comenzaron a agotarse para quienes buscaban mantener el control, la desesperación se hizo evidente. Los ataques se intensificaron, volviéndose cada vez más irresponsables, cargados de emoción y deshonestos. En uno de los acontecimientos más impactantes, añadieron públicamente mi nombre a su lista de supuestos apoyos—sin mi conocimiento ni consentimiento. Ese acto de manipulación reveló hasta dónde estaban dispuestos a llegar para proyectar influencia y preservar el poder.

A lo largo del camino hubo muchas oportunidades para resolver la situación de una manera que habría evitado gran parte del daño. Pero cuando la codicia, el ego y el deseo de ganar a toda costa toman el control, la razón y el sentido común son desplazados. Eso fue exactamente lo que ocurrió. El camino de la humildad y la reconciliación fue rechazado, y las consecuencias—tanto relacionales como organizacionales—son evidentes.

En medio de todo, supe que el negocio que había ayudado a construir podía verse afectado—no de inmediato, pero sí con el tiempo—si se permitía que permaneciera un fundamento equivocado.

No quería estar allí. Pero no tenía opción. Todo indicaba que Dios me había colocado en ese lugar por una razón.

EL CONFLICTO INTERIOR

Aun después de años de liderazgo, mentoría y crecimiento espiritual, seguí sintiendo el peso emocional de esa temporada y experimenté una verdadera montaña rusa de emociones. Algunos días me sentía esperanzado—creyendo que podríamos resolver las cosas de manera profesional y cordial. Pero con la misma rapidez, una ola de comunicados de prensa agresivos o declaraciones públicas reavivaba el conflicto una vez más, despertando de nuevo la tensión y la incertidumbre. Los constantes cambios entre la calma y el enfrentamiento agotaron mi mente y mi espíritu.

En ocasiones me preguntaba: ¿Por qué yo? ¿Por qué esto? ¿Por qué ahora? Después de todo, yo no era la fuente del conflicto. Los problemas no giraban en torno a mí. Sin embargo, me encontré en el centro de una guerra corporativa con consecuencias muy reales.

Algunos días me sentía invisible; otros, señalado. Asistí a reuniones de junta donde la integridad parecía opcional y la verdad se torcía para servir a intereses particulares. Vi cómo se silenciaban voces y se tomaban decisiones con poca consideración por las personas a las que afectarían.

Aun así, mi fe en Dios me desafió a mantenerme firme y a cumplir con mi propósito.

Confiar en Dios lo cambió todo. Me recordó que la obediencia, a veces, se parece a la perseverancia. Me recordó que José no eligió el pozo, la prisión ni el palacio—pero fue fiel en cada uno de ellos. Eso es lo que yo quería ser: fiel—fiel a las personas que confiaron en mí, fiel a los valores que me trajeron hasta aquí, y fiel al Dios que había caminado conmigo en cada ascenso, caída y resurrección.

CÓMO SE MANIFESTÓ EL LIDERAZGO BASADO EN LA FE EN ESE MOMENTO

En ese entorno, el liderazgo no consistía en ser la voz más fuerte en la sala, sino en ser la más firme y centrada.

El liderazgo basado en la fe, en ese momento, significó mostrar dominio propio cuando fui provocado. Significó elegir la claridad por encima de la reacción y la convicción por encima de la comodidad. Antes de cada reunión, oraba. Pedía sabiduría no solo sobre qué decir, sino también sobre cuándo guardar silencio.

Hubo momentos en los que quise hablar con firmeza. Me sentí irrespetado o minimizado. Pero comprendí que mi papel no era ganar discusiones, sino encarnar algo diferente: un compromiso arraigado en verdades eternas y no en un poder pasajero.

Uno de los actos más difíciles y que requirió mucha humildad durante ese tiempo fue orar por la otra parte. Le pedí a Dios que se revelara a ellos, que ablandara corazones y que trajera claridad donde había confusión. No fue fácil. Los ataques, el engaño y la tergiversación despertaron en mí emociones que no había sentido en años.

Años atrás, cuando entregué mi vida a Jesús, Él transformó algo profundo en mí: mi temperamento agresivo. Había luchado con ello en etapas anteriores de mi vida, pero Él me dio paz y me enseñó a liderar con paciencia y humildad. Durante esta temporada, sentí cómo ese temperamento intentaba resurgir. Mi carne quería reaccionar, responder con fuerza. Pero sabía que ese impulso no venía de Dios. Esta batalla no era mía para pelearla; era Suya.

Y quizá lo más importante, el liderazgo basado en la fe significó servir como fuente de ánimo para alguien más que llevaba el peso de la responsabilidad. Yo no era quien estaba bajo la mira, pero sí era a quien él podía acudir. Ofrecí fortaleza silenciosa, recordatorios de propósito y, cuando fue necesario, la simple certeza: *no estás solo*.

El liderazgo no siempre consiste en tomar decisiones. A veces se trata de ofrecer apoyo y presencia. En ese papel, encontré paz—no porque la situación se volviera más fácil, sino porque sabía que estaba exactamente donde debía estar.

CUANDO LOS PLANES SON INTERRUMPIDOS

Antes de que todo esto ocurriera, mi vida avanzaba con un claro sentido de trayectoria y propósito. El negocio prosperaba. Tenía planes emocionantes en marcha—metas, ideas e iniciativas que estaba ansioso por desarrollar. Me sentía alineado, lleno de energía y en sintonía con la temporada que creía estar viviendo.

Entonces, sin previo aviso, todo se detuvo.

Este conflicto surgió de la nada. No tenía nada que ver con el camino que yo estaba recorriendo y, sin embargo, de repente se convirtió en el camino que debía transitar. Mis planes quedaron en pausa y fui lanzado a una situación que exigía mi tiempo, mi enfoque y mi corazón.

Fue frustrante. Fue desorientador. Y, aun así, en medio de esa interrupción, Dios volvió a encontrarme.

Aprendí que es fácil hacer planes cuando todo parece estar bajo control. Pero el liderazgo—y la vida—no siempre siguen nuestros tiempos. Llegan sacudidas. Aparecen desvíos. Y entonces comprendemos cuán frágiles pueden ser nuestras suposiciones.

Pero también aprendí esto: cuando tus planes son interrumpidos, Dios no está tratando de hacerte daño; te está refinando.

> *Y sabemos que para los que aman a Dios,*
> *todas las cosas cooperan para bien, esto es, para los que son*
> *llamados conforme a su propósito.[3]*

Esta temporada me recordó la importancia de buscar siempre la lección, incluso cuando todavía no entiendo el propósito. Creo que he aprendido más en estos nueve meses—más de lo que jamás habría podido aprender en una temporada cómoda. Y, aun así, también creo que el propósito completo todavía no ha sido revelado. Dios continúa desplegándolo. Y yo he elegido confiarle a Él, el tiempo, la claridad y los resultados. Mi papel es simplemente obedecer—honrarlo en mis respuestas, sostener mis propios planes con ligereza y aferrarme con firmeza a Su guía.

---

[3] (Romanos 8:28).

ESCRIBIR Y LA LUCHA INTERIOR

Irónicamente, comencé a escribir este libro casi al mismo tiempo en que toda esta situación estalló. Siempre había querido escribir—simplemente no sabía cómo empezar. Pero, de una manera que nunca imaginé, esta tormenta inesperada me dio el comienzo que no sabía que necesitaba.

La escritura se convirtió en algo más que una meta—se transformó en un salvavidas. Cada capítulo que escribía me ayudaba a procesar lo que estaba viviendo. Escribir me ofreció un espacio silencioso donde podía reflexionar, sanar y recordarme a mí mismo los principios de liderazgo en los que creía. En medio del ruido, me dio quietud. En medio de la tensión, me devolvió el sentido de propósito.

Lo que más me sorprendió fue cómo cada capítulo también me recordaba todas las otras tormentas que había enfrentado—y cómo Dios me había librado, una y otra vez. Tenemos memoria corta. Cuando las cosas van bien, tendemos a olvidar a Aquel que nos sostuvo en medio del fuego. Pero una y otra vez, Dios me recordó que Él seguía siendo el mismo Dios—el Dios de mi pasado, de mi presente y de mi futuro.

Pero no hay duda—fue una lucha.

Esta temporada me pasó factura. Enfrenté una ansiedad que no había sentido en años. Luché con la duda y la inseguridad. Cuestioné mi voz, mi valor e incluso mi resistencia. Hubo noches en las que no pude dormir y mañanas en las que la ansiedad se intensificaba, anticipando lo que el día podría traer. La presión no era solo profesional—era profundamente personal.

Y, aun así... Dios estaba allí. En silencio. De manera constante. Siempre.

Él me dio seguridad cuando me sentí solo. Me sostuvo cuando me sentí débil. Y restauró mi paz cuando pensé que la había perdido. No caminé por esta temporada en victoria—la caminé en dependencia. Y fue allí donde encontré gracia, una vez más.

Este libro—y especialmente este capítulo—se convirtió en parte de mi sanidad. Y quizá, solo quizá, también sea parte de la de alguien más.

EL RESULTADO

La batalla fue larga. Puso a prueba cada parte de mí—emocional, mental y espiritualmente. Durante nueve meses viví con el peso de la tensión y la presión constante de ceder, de desconectarme o simplemente de "aguantar". Hubo momentos en los que sinceramente me pregunté si algo bueno saldría de todo esto, si el costo valía la pena o si realmente estaba marcando alguna diferencia.

Pero entonces, como solo Dios puede hacerlo, Él cambió el rumbo.

La verdad salió a la luz. Las personas que defendieron la integridad fueron afirmadas. Las voces que habían sido minimizadas fueron levantadas. Y el liderazgo que intentó mantener el control a través de la confusión y la división fue removido. Se abrió un nuevo camino—uno en el que el buen gobierno corporativo, la transparencia y la responsabilidad pudieron echar raíces.

Creo que Dios dio discernimiento a quienes observaban la situación desde afuera. Los accionistas, muchos de los cuales no tenían obligación alguna de apoyar a un lado u otro, se unieron de manera abrumadora en favor de la verdad y los valores. El apoyo que recibimos nos llenó de humildad—no porque nos validara, sino porque reveló con cuánta claridad Dios había movido corazones, abierto ojos y unificado voces en torno a lo que era correcto.

Y con ese cambio llegó la paz—no solo externamente, sino también en mi propio corazón.

En ese momento, vi con claridad lo que no siempre pude ver durante el camino: Dios había estado en control todo el tiempo. Su mano había estado guiando cada paso, aun cuando yo no lograba entender el proceso. Como José delante de sus hermanos, ahora podía mirar hacia atrás y decir: "Lo que ustedes pensaron hacerme mal, Dios lo encaminó para bien."

Él no solo protegió el negocio. Protegió mi nombre, mi paz y mi propósito. Y, como en cada otro capítulo de mi vida, volvió a recordarme que Su plan es siempre perfecto—aunque en el momento no logre verlo.

No hay mayor consuelo que comprender que la temporada que no elegiste fue precisamente la que Dios usó para hacerte crecer.

UNA PALABRA FINAL PARA LECTOR

Si alguna vez te has encontrado en una temporada que no pediste—donde la presión es alta, el camino no está claro y tu presencia se siente más como una carga que como un llamado—quiero recordarte algo que yo tuve que reaprender:

Dios no desperdicia las temporadas.

Así como José, puede que te encuentres en un lugar de tensión o de influencia que al principio no tiene sentido. Puede que cuestiones el tiempo, las personas a tu alrededor o incluso tu propósito en medio de ello. Pero si Él permitió que estuvieras allí, es porque piensa usarlo—no solo para el bien de otros, sino también para profundizar tu fe.

Este capítulo de mi camino me enseñó que el verdadero liderazgo no se demuestra cuando todo es fácil. Se prueba en medio del fuego—cuando nadie ve tus oraciones, cuando la integridad se siente costosa y cuando el ánimo es más necesario que el aplauso.

Puede que no siempre obtengas el resultado que esperas. Pero siempre puedes salir con una comprensión más profunda de quién es Dios y de quién Él te está formando para ser.

Si estás atravesando una temporada así ahora, permíteme animarte con las palabras que me sostuvieron a mí:

Mantente firme. Mantente fiel. Mantente arraigado en Él.

Porque al final, las luces del escenario se desvanecen, las batallas pasan, pero el legado de fe y obediencia permanece.

Y, al igual que José, un día mirarás atrás y te darás cuenta de que lo que parecía un desvío en realidad fue el camino desde el principio.

CAPÍTULO 12

Un Llamado al Liderazgo Fiel

Cuando era niño creciendo en Puerto Rico, era un fanático devoto de Roberto Clemente. Su espíritu, humildad y dedicación a servir a los demás dejaron una marca imborrable en mí. Clemente no solo fue una leyenda del béisbol; fue un hombre que entendió que el propósito de la vida va más allá de los logros personales. Una vez dijo: *"Cuando tienes la oportunidad de mejorar cualquier situación, y no lo haces, estás malgastando tu tiempo en la Tierra"*[4] Sus palabras resuenan profundamente en mí hasta el día de hoy, encarnando un llamado a usar nuestros talentos, oportunidades e influencia para hacer una diferencia duradera.

En el mundo actual, el liderazgo fiel y arraigado en valores es más importante que nunca. Como líderes, tenemos el poder de transformar negocios e inspirar cambios, no solo a través de nuestras acciones, sino también mediante el legado que construimos y dejamos atrás. Mi esperanza es que este libro motive a otros a liderar con integridad, compasión y un compromiso inquebrantable de servir a Dios y a los demás. El verdadero liderazgo no se trata de poder o prestigio; se trata de servir a los demás, elevar a las personas y construir algo que refleje los valores de la verdad bíblica. En muchos sentidos, el viaje de José en la Biblia es un recordatorio inspirador de este tipo de liderazgo. A pesar de las dificultades que enfrentó—desde la traición de sus propios hermanos hasta la prisión injusta—José fue fiel y demostró sus valores. Cuando ascendió al poder en Egipto, usó

---

[4] https://akifrases.com/frase/107850.

su influencia para salvar vidas, dejando finalmente un legado de resiliencia, compasión y propósito (Génesis 41:39–57). Su historia nos recuerda que todos podemos encontrar oportunidades para liderar con fidelidad, llevar esperanza y generar un cambio positivo, incluso en circunstancias desafiantes. El ejemplo de José nos anima a ver el liderazgo como un medio de servicio y a reconocer el impacto de un legado construido sobre la fe y la integridad.

Cada uno de nosotros puede generar un cambio positivo, ser un mentor, animar a otros y demostrar que el éxito se puede lograr con honor y respeto. Si este libro inspira incluso a una sola persona a liderar de esa manera, entonces el esfuerzo de escribirlo habrá valido la pena.

Esforcémonos no solo por el éxito, sino también por la trascendencia. Que todos sigamos un camino que refleje el amor de Dios y dejemos un legado que sirva como un faro de esperanza y fe para las generaciones futuras.

Reflexiones sobre Liderazgo, Fe y Legado

Las siguientes reflexiones son una recopilación de pensamientos, lecciones y aprendizajes que he compartido a lo largo de los años, cada uno inspirado por la combinación única de experiencias que han moldeado mi vida personal y profesional. Estas palabras son un testimonio de los valores que he buscado encarnar: integridad, resiliencia y una fe inquebrantable en el plan de Dios.

Desde recuerdos arraigados en el campo de béisbol durante mi infancia, hasta momentos de profundo crecimiento espiritual que me sostuvieron en las tormentas de la vida, y lecciones aprendidas en la sala de juntas al enfrentar las complejidades del liderazgo, cada mensaje encapsula una verdad que me ha guiado. Son recordatorios de que el núcleo del liderazgo no se encuentra en los títulos o el poder, sino en el servicio, la humildad y el valor de seguir un llamado superior.

Comparto estas reflexiones con la esperanza de que inspiren a otros a liderar con propósito, a mantenerse firmes en sus valores frente a los cambiantes desafíos de la vida y a dejar un legado que honre tanto a Dios como a las vidas que tocamos en el camino. Ya sea que te encuentres al inicio de tu viaje o en un punto más avanzado, que estas palabras ofrezcan ánimo, sabiduría y la convicción de vivir una vida con significado e impacto.

Al leer estas reflexiones, espero que te sirvan como fuente de inspiración y ánimo, recordándote la importancia de la fe, la fortaleza que se encuentra en la humildad y el impacto que puede dejar un legado arraigado en valores bíblicos. Cada reflexión se sostiene por sí sola, pero colectivamente, pintan un cuadro de lo que significa liderar con propósito, guiar a otros y construir algo duradero y significativo.

HONRANDO LA FORTALEZA DE CADA GENERACIÓN

Si todo el cuerpo fuera ojo, ¿qué sería del oído? Si todo fuera oído, ¿qué sería del olfato? Ahora bien, Dios ha colocado a cada uno de los miembros en el cuerpo según le agradó.[5]

Como baby boomer, he tenido el privilegio de presenciar la evolución de nuestra fuerza laboral y sociedad durante varias décadas. Creo firmemente que invertir en las nuevas generaciones no es sólo una opción sino una necesidad para el éxito futuro de las empresas y las comunidades por igual.

Cada generación aporta sus propias fortalezas y características únicas. Los baby boomers son conocidos por su sólida ética de trabajo, disciplina y lealtad. La Generación X, a menudo denominada la generación "puente", destaca por su adaptabilidad, independencia y resiliencia. Los Millennials han marcado el comienzo de una nueva era de tecnología, creatividad y un fuerte sentido de responsabilidad social, mientras que la Generación Z, los miembros más nuevos de la fuerza laboral, aporta una increíble sensación de innovación y fluidez digital.

Como líderes de mi generación, es nuestra responsabilidad no sólo ser mentores y guiar, sino también reconocer el valor de las nuevas ideas y estilos de liderazgo que surgen de estas generaciones más jóvenes. No son sólo los líderes del mañana: ya están dando forma a la manera en que hacemos negocios hoy.

Es importante para nosotros aceptar y adaptarnos a esta realidad, reconociendo que el futuro del liderazgo será diferente a lo que estamos acostumbrados. Nuevas perspectivas, enfoques

---

[5] 1 Corintios 12:17–18.

innovadores y energía fresca son esenciales para que cualquier empresa o sociedad siga avanzando.

Al adoptar una cultura de colaboración y tutoría, podemos garantizar que el conocimiento y la experiencia del pasado se combinen perfectamente con la creatividad y el impulso del futuro. Juntos podemos construir algo que dure, en el que cada generación aporte sus fortalezas únicas.

LIDERAZGO MÁS ALLÁ DEL RECONOCIMIENTO

Al ver esto Pedro, dijo al pueblo: Varones israelitas, ¿por qué os maravilláis de esto, o por qué nos miráis así, como si por nuestro propio poder o piedad le hubiéramos hecho andar?[6]

En el acelerado mundo empresarial de hoy, es fácil perseguir el reconocimiento, los títulos y el crédito por los logros. Pero hay una satisfacción más profunda cuando cambiamos nuestro enfoque de buscar aplausos a simplemente hacer lo correcto.

Recientemente, nuestro pastor compartió una impactante historia de Hechos 3, donde Pedro y Juan sanaron a un hombre cojo en la puerta del templo. Sin embargo, no se atribuyeron el mérito del milagro. En cambio, señalaron un propósito superior, dando toda la gloria a Dios. Esta historia me recordó cuán aplicable es este principio a nuestras vidas profesionales.

El éxito en los negocios no se trata solo de logros personales; se trata de integridad, de servir a los demás y de construir algo más grande que nosotros mismos. El verdadero liderazgo ocurre cuando damos prioridad a hacer lo correcto, incluso cuando nadie nos

---

[6] Hechos 3:12.

observa, y cuando contribuimos al panorama general, no por el crédito, sino por el impacto que podemos generar.

Construyamos una cultura donde nos apoyemos mutuamente, actuemos con humildad y nos enfoquemos en servir a nuestros equipos, clientes y comunidades. Al liderar con integridad y propósito, construimos algo duradero que va mucho más allá del reconocimiento individual.

SUSTANCIA VERDADERA SOBRE APARIENCIA

Pero la sabiduría de lo alto es primeramente pura,
después pacífica, amable, condescendiente[a], llena de misericordia
y de buenos frutos, sin vacilación, sin hipocresía.[7]

Crecer en Puerto Rico, una isla donde el béisbol no es sólo un juego sino una pasión, me enseñó lecciones invaluables sobre la vida y los negocios. Mi infancia estuvo marcada por horas interminables en el campo de béisbol, donde aprendí no sólo a lanzar, atrapar y batear, sino también la habilidad crucial de distinguir entre la apariencia y la verdadera sustancia. El término "postalita" se convirtió en una metáfora para aquellos tipos que impresionaban con ropa deportiva llamativa y equipo de marca, pero carecían de habilidades genuinas: un claro recordatorio de que la superficialidad es pasajera.

No demoraba identificar a los "postalitas"; y sus capacidades inadecuadas los confinaban al banco. Este fenómeno no se limita a los deportes; también prevalece en el mundo empresarial. Nos encontramos con personas que suenan sumamente profesionales, alardeando de sus logros, fingiendo experiencia o discutiendo planes

---

[7] Santiago 3:17.

estratégicos. Sin embargo, su desempeño real, en lo que respecta a la ejecución, lo dice todo.

Recuerdo un comercial de televisión en el que aparecían dos consultores que le proporcionaban a un empresario un análisis de su empresa. Cuando el propietario decidió seguir sus recomendaciones y les pidió que lideraran la ejecución, dudaron y revelaron que su papel se limitaba a identificar problemas, no a resolverlos.

En efecto, como dice el refrán, "hablar cuesta barato". La vida y los negocios están llenos de los que aparentan y los que ejecutan, cada uno con su propia reputación. Se puede crear una imagen en ambos ámbitos, pero sin una sustancia genuina y la capacidad de ejecución, esa imagen es tan hueca como los "postalitas".

EL DILEMA DE SUPERAR A LOS DEMÁS

El temor del Señor es instrucción de sabiduría,
y antes de la gloria está la humildad.[8]

En la universidad, había un compañero conocido por su habilidad para tener siempre un "pana" que había hecho algo similar a cualquier historia compartida, pero de alguna manera mejor. Este comportamiento hizo que se ganara el jocoso apodo "Pana Joe".

En el rico contexto de la interacción humana, existe un patrón distintivo creado por aquellos que buscan compulsivamente eclipsar a los demás. Estos "superiores" son expertos en transformar conversaciones simples en competencias sutiles. En lugar de escuchar para comprender, escuchan para sobresalir, a menudo eclipsando las experiencias de los demás y opacando las narrativas colectivas. Esta

---

[8] Proverbios 15:33.

exageración constante de las hazañas personales puede socavar la confianza, llevando a amigos y colegas a dudar de la autenticidad de estos relatos exagerados.

En las relaciones personales, las comparaciones incesantes pueden crear una brecha entre las personas, ya que la mayoría se siente atraída por quienes brindan afirmación y comprensión, no rivalidad. En el ámbito profesional, donde la confianza es un activo preciado, este tipo de comportamiento puede ser perjudicial. Los colegas pueden ser reacios a participar, por temer que sus esfuerzos se minimicen o pasen por alto. Aquel que se coloca por encima de los demás corre el riesgo de aislarse y sentir que sus triunfos son vacíos a medida que el público al que pretende impresionar se desvanece gradualmente. Es una búsqueda irónica: cuanto más se esfuerza por destacar, más solo puede encontrarse.

Sin embargo, hay esperanza para estos individuos. A través de la autorreflexión y la oración, los "superiores" pueden corregir este comportamiento egoísta, aprendiendo a valorar las victorias compartidas y a cultivar relaciones basadas en el respeto mutuo y la alegría compartida. Al hacerlo, pueden descubrir que los logros más gratificantes no son los que eclipsan a los demás, sino los que elevan a todos juntos.

LAS BASES DE LA CONFIANZA Y EL RESPETO

El que sigue la justicia y la lealtad
halla vida, justicia y honor.[9]

La confianza y el respeto son fundamentales en el mundo de los negocios, actuando como los pilares que sostienen la estructura de relaciones comerciales prósperas. Estos no son meros productos de demanda o expectativa, sino preciados tesoros que se deben nutrir con esmero e integridad. En los negocios, donde las transacciones trascienden los bienes y servicios para abarcar conexiones humanas, la confianza es la moneda de cambio que promueve un intercambio de valor sin obstáculos. Esta se forja mediante acciones coherentes, acuerdos transparentes y un compromiso inquebrantable con la palabra dada. El respeto, por su parte, implica el reconocimiento del valor y habilidades ajenas, un reconocimiento que debe ser recíproco para que cualquier relación florezca.

La presencia de confianza actúa como un lubricante, suavizando las fricciones que pueden aparecer en negociaciones complejas y facilitando una comunicación y entendimiento más eficaces. Representa la convicción tácita de que ambas partes velan por los intereses mutuos, lo cual incentiva un ambiente propicio para el surgimiento de ideas innovadoras. El respeto complementa a la confianza asegurando que todas las voces sean oídas y consideradas, que se reconozcan las aportaciones y se dé crédito donde corresponde. Juntos, generan una sinergia que puede elevar a las empresas a niveles superiores.

---

[9] Proverbios 21:21.

En un entorno donde la competencia es intensa y el cambio constante, la confianza y el respeto se establecen como fuerzas estabilizadoras que distinguen entre una transacción efímera y una colaboración perdurable. Constituyen la base de la lealtad y el prisma a través del cual se percibe la reputación de una compañía. En definitiva, la confianza y el respeto no son solo activos valiosos en el ámbito comercial; son el núcleo de las relaciones empresariales. Sin ellos, las asociaciones pueden colapsar bajo el peso de la desconfianza y el egoísmo, pero con su presencia, pueden soportar las vicisitudes del mercado y el paso del tiempo. Son, indudablemente, activos cruciales para el éxito empresarial.

CONSTRUYENDO UNA FAMILIA EN EL TRABAJO

Sed afectuosos unos con otros con amor fraternal; con honra, daos preferencia unos a otros;[10]

El concepto de familia tiene un significado inmenso para mí. Creo que podemos pertenecer a varias familias a lo largo de nuestra vida y cada una de ellas nos deja una marca duradera. Soy bendecido de tener mi familia biológica, mi familia espiritual en la iglesia y mi familia profesional en el trabajo.

Hoy quiero arrojar luz sobre mi familia laboral. Reconozco que, si bien ninguna familia está exenta de defectos, tenemos la capacidad de fomentar un ambiente de apoyo y atención. Dada la importante cantidad de tiempo que dedicamos a nuestro lugar de trabajo, tratar a nuestros colegas como una querida familia puede mejorar enormemente nuestra satisfacción laboral y fortalecer nuestro

---

[10] Romanos 12:10.

compromiso. Los triunfos y reveses de cualquier miembro de mi familia SED nos afectan a todos y reflejan el espíritu compartido que compartimos. Claro que pueden surgir desacuerdos, como en cualquier familia, pero estos pueden ser eclipsados por las fuertes conexiones que nos unen. Con una familia laboral tan extensa como la nuestra, rápidamente nos damos cuenta de las dificultades que enfrentan las familias biológicas de cada uno. Es momentos como estos que debemos permanecer unidos, brindar apoyo y ofrecer nuestras oraciones. Enfrentar los desafíos se vuelve manejable cuando los afrontamos unidos como familia.

Animo a todos a cultivar una relación familiar sólida con sus colegas, invertir tiempo para entenderse genuinamente unos a otros, mostrar empatía en tiempos difíciles y regocijarse por los logros de los demás. La felicidad que viene con una familia es un tesoro; Ahora imaginen la abundancia de alegría al abrazar a varias familias. Mi amor por mi familia es profundo y aprecio el viaje compartido que estamos realizando.

LA CARRERA DE RELEVOS DE LA VIDA

Por tanto, puesto que tenemos en derredor nuestro tan gran nube de testigos, despojémonos también de todo peso y del pecado que tan fácilmente nos envuelve, y corramos con paciencia la carrera que tenemos por delante,[11]

Para los fanáticos del atletismo, como yo, los Juegos Olímpicos representan la cúspide de la emoción. El relevo masculino de 4x100 metros siempre proporciona momentos de tensión y este año no fue

---

[11] Hebreos 12:1.

la excepción. A pesar de su talento, el equipo masculino de USA ha tenido dificultades con los pases de bastón en las últimas dos décadas, y su desempeño este año reflejó esa lucha continua. La técnica del pase de bastón es una coreografía de precisión, sincronización y cohesión.

El libro "Gun Lap: Staying in the Race with Purpose" de Robert Wolgemuth, me viene a la mente. Este traza un paralelo entre el crucial intercambio de bastón en los relevos en el atletismo y los momentos decisivos de la vida. Wolgemuth profundiza en su libro, una metáfora del último esfuerzo en la vida y los negocios, donde se requiere aplicar toda la fuerza y resolución.

Un pase de bastón fluido simboliza el éxito en los relevos, al igual que las transiciones intencionadas son clave para un final exitoso en la vida. Es más que una simple transferencia de responsabilidades; es una cuestión de valores universales como la precisión, la sincronización y la colaboración.

Aunque parece dirigirse principalmente a los más experimentados, es un llamado a todas las generaciones para correr con propósito, causar un impacto positivo y valorar las relaciones y responsabilidades, siempre con la meta en mente.

En la carrera de la vida, no basta con seguir el ritmo; también es crucial correr con un propósito, preparando el camino para el éxito de los que nos siguen.

SALMO 23: LIDERAZGO Y GUÍA DIVINA

El Señor es mi pastor, nada me faltará.[12]

Desde mi juventud, el Salmo 23 ha infundido en mí una profunda confianza en la protección divina, similar a la que un pastor ofrece a su rebaño. Este pasaje me ha proporcionado consuelo y la certeza de que nunca estoy solo, incluso en los momentos más desafiantes. Promete la presencia constante y el cuidado incondicional de Dios, acompañados siempre por la bondad y la misericordia a lo largo de la vida, culminando en un hogar eterno en la casa del Señor. Este mensaje poderoso ha sido un faro de esperanza y paz para mí en tiempos difíciles.

El profundo significado del Salmo 23 es inmutable, pero considero que tiene aplicaciones prácticas en el mundo empresarial. Las responsabilidades del pastor se asemejan a los roles de liderazgo y gerenciamiento en los negocios. Un líder empresarial, al igual que un pastor, debe guiar, cuidar y proteger a su equipo y organización. El compromiso de conducir "por senderos de justicia" refleja la importancia de las decisiones éticas y la integridad que los líderes deben ejercer. Asimismo, la promesa de prosperidad, incluso frente a adversarios, se alinea con la resiliencia y el éxito que las empresas aspiran a alcanzar en mercados competitivos.

Los principios del Salmo sobre la confianza y el sustento fomentan una cultura de fe en el liderazgo, generando un ambiente próspero para individuos y organizaciones por igual. Este texto no solo reafirma a Dios como nuestro Pastor y protector, sino que

---

[12] Salmo 23:1.

también ofrece valiosas lecciones sobre liderazgo, ética y la promoción de un entorno empresarial positivo.

EL PERDÓN DERROTA EL RESENTIMIENTO

Sed más bien amables unos con otros, misericordiosos, perdonándoos unos a otros, así como también Dios os perdonó en Cristo.[13]

Recientemente tuve una conversación con un ser querido que expresó un profundo resentimiento hacia otra persona, destacando el dolor que esos sentimientos pueden infligir en las relaciones. A menudo he hablado de la importancia de integrar principios bíblicos en mi vida personal y empresarial. Entre ellos hay una impactante lección: "El perdón vence al resentimiento". Este principio ha sido un faro de luz que promueve la armonía y la comprensión.

El perdón es un principio poderoso que trasciende las creencias personales y puede tener un impacto significativo en las relaciones personales y comerciales. En la vida personal, el perdón permite a las personas liberar la carga de los rencores, lo que conduce a relaciones más sanas y a una mejor salud mental. Adopta una cultura de compasión y comprensión, que es esencial para establecer conexiones sólidas y significativas.

De manera similar, en el mundo empresarial, el perdón puede crear un ambiente de trabajo positivo, donde los errores se consideran oportunidades de crecimiento en lugar de motivos de castigo. Este enfoque puede mejorar el trabajo en equipo, elevar la moral y fomentar una atmósfera más colaboradora e innovadora.

---

[13] Efesios 4:32.

Mi experiencia al aplicar los principios bíblicos del perdón es un testimonio de su poder transformador. Al elegir el perdón en lugar del resentimiento, no solo estás dando un sólido ejemplo ético, sino que también estás allanando el camino para interacciones más genuinas y productivas, tanto a nivel personal como profesional. Elegir el perdón puede conducir a una vida más plena y a un lugar de trabajo más armonioso, lo que demuestra que, efectivamente, "El perdón vence al resentimiento".

GRATITUD Y HUMILDAD EN LA OPORTUNIDAD

Y todo lo que hacéis, de palabra o de hecho, hacedlo todo en el nombre del Señor Jesús, dando gracias por medio de Él a Dios el Padre.[14]

Aquellos que me conocen bien, entienden mi pasión por lo que hago y el arduo trabajo que me costó llegar hasta aquí. Durante mi carrera se me han presentado varias oportunidades y aprovechar cada una de ellas ha sido crucial en mi trayecto.

Debemos reconocer que las oportunidades vienen con altibajos, especialmente cuando surgen por carácter o potencial más que por nuestra experiencia en un área en particular. Abordar esas oportunidades con humildad y comprender los desafíos de la curva de aprendizaje es clave.

Aprovechar las oportunidades profesionales con gratitud y humildad puede tener un impacto significativo en nuestro crecimiento profesional. Cuando apreciamos cada oportunidad que tenemos, no sólo la aprovechamos al máximo, sino que también nos ganamos la reputación de ser confiables y dedicados. Por el contrario,

---

[14] Colosenses 3:17.

cuando nuestra actitud es de ser merecedor, esta nos puede conducir a la pérdida de oportunidades y a la falta de progreso.

Abordar las oportunidades con humildad, aprecio, una actitud positiva y lealtad puede, en última instancia, ser un trampolín hacia mayores logros. ¡Puedo dar fe de ello!

Agradecimientos

Primero y, ante todo, doy gracias a Dios, mi Luz guía, cuya fuerza, gracia y presencia inquebrantable han sido la base de cada paso que he dado. Es Su sabiduría y Su plan los que han dado sentido a mi camino, y estoy eternamente agradecido por Sus incontables bendiciones y Su fidelidad infinita.

A mi familia, les extiendo mi más profunda gratitud por su amor, apoyo, paciencia y fortaleza. A mi esposa, cuya fuerza y resiliencia han sido un ancla constante en mi vida: has caminado a mi lado en cada desafío y triunfo, inspirándome con tu fe inquebrantable y dedicación. A mis hijos y nietos, ustedes son mi corazón y mi inspiración, y es por ustedes que me esfuerzo por dejar un legado de fe, integridad y propósito.

A mis mentores, especialmente a Sergio, quien vio potencial en mí incluso cuando yo no podía verlo, les doy las gracias. Su sabiduría, ánimo y lecciones sobre liderazgo y carácter han sido invaluables. La guía que me brindaron me ayudó a convertirme en la persona y el líder que soy hoy, y estoy eternamente agradecido por el tiempo y la confianza que invirtieron en mí.

A mis amigos, colegas y los increíbles equipos con los que he tenido el privilegio de trabajar a lo largo de los años, gracias. Su dedicación, confianza y visión compartida han enriquecido inmensamente este viaje. Me han enseñado el verdadero valor de la resiliencia, el trabajo en equipo y el impacto de construir un negocio basado en valores. Juntos, hemos creado más que logros profesionales; hemos construido un legado cimentado en el respeto mutuo y la integridad.

A nuestras familias de la iglesia: su comunión y amor han sido una fuente constante de fortaleza y alegría. Desde Southwest Community Church en Miami, Calvary International Church en Brasil, Iglesia La

Gracia en Colombia, y ahora Grace Baptist Church en Brandon, Florida, ustedes nos han abrazado, nos han sostenido en oración y han caminado junto a nosotros en la fe. Su calidez y aliento nos han bendecido profundamente, acercándonos más a Dios y unos a otros. Por todas las amistades y la guía espiritual que han compartido, estoy profundamente agradecido.

Finalmente, a ustedes, mis lectores: gracias por elegir ser parte de este viaje. Mi esperanza es que este libro los inspire a liderar con integridad, fe y propósito. Que encuentren ánimo para construir algo significativo y duradero desde cero, dejando un legado que refleje los valores que tanto apreciamos.

Estando convencido precisamente de esto,
que el que comenzó en vosotros la buena obra, la perfeccionará
hasta el día de Cristo Jesús. (Filipenses 1:6).

www.ingramcontent.com/pod-product-compliance
Lightning Source LLC
Chambersburg PA
CBHW070941210326
41520CB00021B/7003